U0111598

大展好書　好書大展
品嘗好書　冠群可期

大展好書　好書大展

品嘗好書　冠群可期

序　　言

　　提及泰拳，人們往往將其與原始、野蠻和不文明相聯繫，或謂其是重蠻力輕技術的拳術，這實在是對泰拳不甚了解的一種偏見。

　　泰拳和其它民族的武術一樣，有其自身產生和發展的歷史背景。昔日的泰拳曾作為一種保家衛國的重要手段，深受泰國民眾的重視。今天的泰拳則已成為一種娛樂性、刺激性極強的職業拳賽。

　　泰拳的技術體系也是相當完整的。踢、打、摔、拿，樣樣都有，只是拳手們偏重拳腳肘膝的踢、打而已。其最大的特點是，一切以擂台比賽為中心，理論和實踐緊密相連，技術以實用簡練為原則，同時，強調人本身的作用。因此，幾十年來泰拳湧現出了大批擂台好手，在與外族武技的比賽中，長期立於不敗之地。這並非是泰拳的技術優於其它技擊項目，而是其以戰為主的思想，最為適合擂台的自由搏擊的緣故。

　　四肢八體無拘無束，運用自如，尤以膝肘搏擊見長，充分展現人體的格鬥能力，這是泰拳搏擊的獨特風範，也是泰民族個性最真實的寫照。由於膝肘的特殊關節結構，使用時危險性較大。在擂台比賽中，其傷害事故較其它對

抗性的體育項目要多，這是不可否認的事項，但這絲毫不能抹殺其作為優秀武技的實用價值。

我是從 1984 年起，將國外各種技擊項目作為一項長期的研究任務的。泰拳便是其中的一個重點內容。由於泰拳的資料甚少，故此，搜集資料的工作頗為辛苦，歷經數年才積累了較為豐富的資料。原本只是將這些資料作為研究之用，而無編寫成書的想法。後在人民體育出版社冷鋒同志的建議下，才著手編寫此書。我編寫此書，旨在使廣大讀者對泰拳的產生、發展和其技術體系有一個較為全面、系統的了解，為技擊愛好者提供一點研習泰拳的資料。由於時間倉促，水平有限，本書難免存在諸多的不足之處，歡迎讀者提出批評、指正。

陳國榮

1992 年 10 月 31 日

於菲律賓馬尼拉

目　錄

一、概　　述

　　泰拳是泰國民族的傳統技擊項目，是泰國民族文化的寶貴遺產。

　　泰國雖有佛國之稱，然而泰國人民的尚武精神卻自古已然。人們運用身體四肢的拳、肘、膝、腳共八個部位作爲擊打的武器進行格鬥較技，故此，泰拳又有「八臂拳術」之稱，泰民族也因而有「八臂民族」的美譽。

㈠　泰拳簡史

　　自從人類產生起，便有了徒手格鬥技能的萌芽。在原始社會時期，人們爲了生存和獲取生活資料，逐漸學會了使用拳打、腳踢、摔拿等基本的格鬥動作，並在長期的生產勞動中和與大自然的搏鬥中，不斷地提煉和發展格鬥技能，並使之日益精深完善。

　　泰拳和其它民族的技擊項目一樣，有其源遠流長的歷史。可惜在 1767 年緬甸軍隊攻克泰國國都時，泰國早期的歷史資料、文獻檔案被毀於戰火之中。今天我們所知道的泰國歷史大都是從泰國民間僅存的記載，早期歐洲旅行家的著作和緬甸、柬埔寨、中國等方面的資料拼湊而成的。這種混合而成的史料，自然存在許多不同的說法，這

給泰拳的史料研究帶來了一定的困難。但是，我們仍然可以從中了解到泰拳發展的概貌。

經考證，泰族文化雖深受中國、印度兩國文化的影響，而且泰族和中華民族有著密不可分的血緣關係。但幾百年來，泰族在中南半島一帶，生息繁衍。他們在長期的抵禦外族侵略的搏鬥中，逐漸形成了本民族特有的拳術。因此，我們可以說，泰拳是泰民族在長期的抗禦外來侵略戰爭的歷史背景下產生的。

泰族原居於中國西南一帶地域，史稱「南蠻」。據記載，公元 649 年，泰族祖先尚居中國的雲南省，唐史稱之為「六詔」。蒙細奴羅統一六詔後，自立為王，建立了南詔國，後改稱「大理」。以後據地稱雄，勢力日益強大。據新唐書《南蠻傳》記載，當時南詔的政治組織機構已相當健全，其文化、藝術方面的成就甚至可以和中原媲美。在兵制武備方面，則有「田桑之餘，便習戰鬥」之說，由此可見，古代的南詔已有技擊活動的存在。

至宋代，南詔成為中國的藩屬。到元時，中國勢力日趨強盛，大理被元軍所滅，成為中國的行政區域。泰人便陸續南移至現今泰國北陲之地，並逐步沿湄公河順流而下，至公元 1275 年，匯合成一個強悍的民族，定都素可素，建立了暹羅王國。

泰族立國後，戰事連年不斷，頻受四周強鄰的侵擾，因此，歷朝皇帝都崇尚武力，以鞏固其王朝統治和對付頻生的內爭外患。古代暹羅君王大都親臨戰場，領兵殺敵，因此，不少王侯本身就是泰拳高手。士兵們在戰場上遠距離作戰時使用刀槍劍矢，近距離搏鬥時則以拳肘膝腳作為

進攻武器。

　　有關泰人習拳練武的最早記載，可見諸《北方紀年史》，這是記述泰族進入中南半島後，由素可泰王朝至大城王朝的早期典籍。

　　據載，當時在軍中已有拳鬥活動，作為休戰期間侯王們的消遣娛樂。拳賽雖然沒有成為職業比賽，但諸侯們已有豢養武士角鬥，以取悅君王的風氣。隨著宮廷拳師與退役士兵年老返鄉，拳鬥技能逐漸傳入民間。據史籍所載，大城皇朝初期頒布的法律，已有豁免在拳鬥中殺傷對手者治罪的條例。到了大城皇朝鼎盛時期（公元 1350 年），拳鬥之風日益盛行，遍及全國。泰人逐漸領悟到拳術可以衛國安邦，故習武之風甚烈，不但成人好武，而且泰族兒童也能揮拳踢腿，習練拳藝。拳術已發展成民間的時尚娛樂活動。

　　公元 1411 年間，清邁王駕崩，兩太子為爭奪皇位相持不下，最後決定各選派一名武師作為代表進行比武決勝，規定搏鬥到一方流血為止。經過幾小時的劇烈格鬥，結果南方武師因腳傷流血而敗，北方武師取得勝利。這是泰國歷史上首次拳賽的記載。

　　1518 年，暹羅王改革兵制，下諭令編制了《制勝術》一書，內容包括了兵器、武術和武備等方面。

　　在「拍納黎萱」時代（公元 1555 年至 1606 年），拳術被列入軍事訓練科目。史稱「黑王子」的拍納黎萱大帝，英勇非凡且精武技，他帶領泰國人民解放了緬甸占領下的暹羅，光復了大城皇朝。經過連年的戰爭，拍納黎萱深知要想定國安邦，必須要有一支勇敢善戰，武技高強的

軍隊，便特將拳術列入軍訓科目，以培養士兵的以寡敵眾、以一抵十的勇氣。被列入軍事訓練的拳術，名爲「奔南」。

「奔南」爲暹羅土拳，凶狠毒辣，招式包括有頭撞，口咬，拳打，腳踢，蹬踹，掃絆，肘擊，膝頂，肩抵，臂撞。推拽，抓捏，壓打，摔跤等無所不有。全身任何部位，可用則用，是一種用於實戰的拳術。古代泰族士兵習練拳術後，無不強悍勇猛。

「虎王」拍拂陀昭時代（1662 年至 1708 年），是泰拳發展的鼎盛時期。舉國上下，都傾心於拳術。在格鬥形式上，最初拳師以條狀馬革纏捆雙拳，進行格鬥。其後改用麻繩纏拳，即所謂的「纏麻」式拳鬥。以後又有用棉條

纏拳。棉條表面可以用混有石屑的粘液浸泡，使相表面更加粗糙堅硬，大大增加了殺傷力。拳師在格鬥中，常常被打得皮開肉綻，血流滿面，其狀慘不可睹。當時的拳鬥活動，在 1687 年法國皇帝派遣的特使，西蒙·盧比爾所著的《暹羅王國》一書中有

圖　1

所記述：「大城王朝節日盛會中，節目多姿多彩，有角力家與用肘腿搏鬥之勇士演出。拳術比賽進行時，彼輩以三四匹麻繩捆護手掌，代替老撾（高棉）人在同式樣之角鬥中所用的銅環。」纏麻式拳鬥見圖 1所示。

據史料記載，「虎王」本身酷愛技擊，並親自整理、

總結日趨繁雜的拳術，形成了泰拳的基本體系。今天的一些泰拳技術運用仍沿用了「虎王」總結的格鬥體系。身為一國之君的「虎王」還常常喬裝打扮，以平民的身份參加佛寺盛會中的擂台賽。與內地拳手對陣，竟連勝兩戰，贏得大獎後悄然離去，此舉成為泰拳史上的佳話。

據緬甸的史料記載，布大城王朝末期，泰拳名師乃克儂東，在緬甸軍隊攻克大城時被俘，囚於緬甸。公元1774年，緬甸王猛拉在京城仰光為大佛塔加頂舉行慶典，盛會中安排一場泰、緬拳師的比武。乃克儂東被迫與緬甸武士做御前較技，竟連克緬甸高手九人，使緬王感慨萬分：「泰拳師武藝非凡，以匹夫之勇，竟連破九人，至十人莫敢與敵，苟非其君王庸弱，彼輩當可免喪邦之痛。」

乃克儂東威震緬甸的事跡，在泰國史上本無記載，而鄰邦緬甸的史籍上卻詳盡地記載了此事，因此屬實無疑。乃克儂東的事跡為泰拳歷史寫下了光輝的一頁。歷來泰國拳館的拳師都奉乃克儂東為宗祖。到本世紀五十年代，在披猜·軍拉洼匿警中將的提議下，將乃克儂東揚威緬甸之日（三月十六日），定為泰國拳師節，以紀念這位偉大的民族英雄。這是後話。

到了華裔英雄鄭昭率領若干戰船，沿湄南河而上，殺敗緬軍，光復泰國，建立吞武里王朝後，泰人亡國之痛記憶猶新，深感拳術的作用巨大，習武之風更為盛行。武藝高強者被拜將封侯者，也大有人在。如嗒城拳術教師乃豪和皇府拳師乃墨等，即為當時的著名人物。

據載，此間有程逸府青年拳師乃通里，綽號「白牙」，自幼酷愛武術，成年後四處尋訪名師學藝，並挑戰各路高

手，被譽爲武術奇才。公元 1762 年，乃通里卦嗒府舊城的萱芒瑪國作拳術比賽，先挫嗒城名師乃豪，獲得鄭皇的賞識，再命其和禁軍拳師乃墨比武，又獲勝，被鄭皇賜封爲「鑾披猜」。乃通里一生追隨鄭皇東征西討，衝鋒陷陣，浴血沙場，戰至劍斷馬翻，還能奮勇殺敵，凱旋而歸。爲泰國收復失地，爭取獨立，立下了汗馬功勞，名留青史。在今天的程逸府署廣場，依然屹立其銅像，像史學家譽爲「斷劍名將」。

到了曼谷皇朝（1782 年始），西歐各國和暹羅交往日益增多。1788 年間，曾有法國角力技擊家到泰國和泰拳師比武，獲皇府安排與禁衛軍拳師萬拍蘭交戰。拉瑪一世、佛陀約華親臨觀賞。賭金達五十秤，轟動一時。

有許多佐證史料可證明泰拳活動在曼谷皇朝非常流行。1860 年，英皇派特史約翰·鮑寧爵士赴暹，鮑寧在其回憶錄《暹國》一書中，記述了當時暹羅流行的娛樂活動有賽艇，雜技，幻戲，並經常有拳賽。同期，由英國人安娜·利安路雲斯女士所著的《暹羅宮廷中之英國女師》，也有描述當時泰人角力的記載。其書中寫道「暹人好戰……角力方式粗野單調，尚力爲主，甚於技與風格。於拳賽方面，暹人慣以皮條捆手作套，偶混以銅線，用皮環箍首。拳師集中攻敵頭部，抗力極強。力擊失勢，傾覆，或垂手示降者當敗論。」

拉瑪五世皇朱拉隆功，自幼得名師指點武功，尤精拳棒，名聞全國。曾在皇室慶典於其父皇御前表演身手。登基後，好武興趣不減當年。公元 1898 年，下諭令設立「皇廷拳師」制度。以技高者爲首，逢有皇府慶典國宴或

固魂典禮、剃度禮、荼毗大典等重大活動時，領各團武師獻技表演，拳團成員可獲年餉而免交稅金。

　　翌年，皇家舉行皇室奉安大典，其中拳賽爲南北高手對抗。勝者獲五世皇御賜封以「萬」級官銜（暹羅古代將級官銜）。獲此殊榮的有三人，泰南猜耶府拳師乃邦‧占儂通，封號「名武將」；中部華富里乃宮，封號「準拳將」，東北部柯叻高手乃鈴‧泰巴碩，封號「妙技將」。

　　這個時期武風盛行之地，東北部有柯叻、南部有猜耶。它們均享有「拳城」美譽。

　　進入本世紀初，泰拳的活動中心，依然以上述兩個「拳城」最負盛名。

　　公元 1917 年，暹羅志願軍遠征歐洲，參與盟軍伐德。在駐守法國邊境緬因堡時，曾做暹羅拳術的表演，受法體育報刊好評。法國人評述泰軍人體格雖小，但極矯健敏捷，掌握技擊厲害而罕見，實非西方人可思議。其劇烈之處，充分表現泰民族之強悍的性格。

　　到了 1920 年，泰皇蒙骨九昭（拉瑪六世）爲「野虎兵團」籌募基金，特委任野虎軍統領拍耶難鐵盛爲拳擊事務總監，於「玫瑰園學府」廣場舉行盛況空前的拳賽。全國各地名師紛紛嚮應赴京城參賽，如乃堒．占咯、乃央．限他黎、乃奔．塞拉、乃桐干哈、乃蓬．因達抑頌、因空因甲、乃蓋素緻、乃霄合碧、乃耶巴占等高手都應邀參賽，其中以原籍「柯叻府」的拳師最爲出色，柯叻位於泰國的東北部，民風之悍，爲全國之冠。素有「拳城」的美譽。

　　此次拳賽，使皇城拳壇受到了不小的衝擊，不少京城

名宿發起了對抗外府拳師的高潮，盛極一時。在眾多名師中，有精於西洋拳、摔跤的海軍教官鑾匹博·蓬拉皆，名震全國的華裔宗師全成，泰國西洋拳始祖蒙昭威汶·沙越里旺親王，玫瑰園武術教師鑾威汕·魯那功，五世皇時代的高手拍猜觸促差納，「刀光大師」坤意沙汕派也乾，刀棒高僧拍差翁，戌拍湧慕大師等等，都是當時泰拳界的出色名師。

隨著西方文化的傳入，泰國的傳統文化也受到影響。西洋拳擊於 1912 年傳入泰國，其比賽的形式和技術，逐漸被泰拳採納並應用。尤其在國柱擂台初期（1928 年），「泰北腿王」乃彭踢死高棉拳師後，爲了安全，「戴套」式泰拳比賽開始採用，逐漸取代了傳統的「纏麻」式拳賽，比賽回合也陸續減少到五局。

1937 年 4 月 1 日，泰國政府教育署體育廳首次頒布了泰拳競賽規則。至此，全國擂台比賽的制度和形式，終告完善統一。

第二次世界大戰爆發後，泰國受到了戰亂的影響，泰拳比賽也一度蕭條不景氣，數年間僅在內地佛寺盛會時偶有拳賽舉行。大戰結束後，著名的「叻喃隆拳場」竣工，泰拳進入現代標準競技。各地拳師紛紛進京，爲了名譽和財富大顯身手，使一度冷清的拳壇，空前活躍。1946 年至 1951 年間，史稱「叻喃隆拳場」時期，堪稱近代泰拳發展的黃金時代。其後「侖披尼拳場」於 1956 年建成，進一步推動了泰拳的發展，爲泰拳開闢了新的局面。

兩個現代拳場的建立，爲眾多泰拳師提共了施展身手的用武之地，同時，加強了拳師間的交流，促進泰拳技術

的進一步提高，使泰拳得到了蓬勃的發展。

泰拳由民間傳統武技演變成現代職業拳賽歷經六十多年，經過「玫瑰園」、「國柱廟」、「柴廠」、「是樂園」、「萱昭策」而至現代的「叻喃隆」各個拳場時代，泰拳已演變成泰民族的國技，是泰民族英勇不屈的象徵。泰國拳師屢次與外邦拳家較技，屢戰屢勝，蜚聲國際武壇。這純屬泰拳師歷經實戰的磨練，和歷代皇帝及近代執政者的大力推行的結果。二十年前泰皇蒲眉蓬駕臨侖披尼拳場所致的勉詞，充分顯示了這種優良的傳統，其詞曰：「泰拳師乃剛毅果戰之士，泰國拳術，有利於國，有利於民，亦有利於身，翼我民悉力共倡，令此民族傳統技藝，克發揚光大。」

今天的泰國武術，已漸分爲二種形式，一是以舞蹈方式表演的武藝，包括劍對劍、棍對棍、雙刀對雙刀、雙刀對雙棒、長棒對短棒、雙刀對盾牌刀、雙拐對長棍（圖2）等等。另一種是純對抗的表演或競賽。表演時，彼此可眞可假，以表演殘忍的打法，酷似職業摔跤。近年來爲了迎合尋求刺激的西方遊客的口味，以及受賭徒門的影響，逐漸吸收了空手道、柔道、摔跤、西洋拳等手法。

泰拳不僅傳播、流行於越南、老撾、柬埔寨和緬甸等東南亞各國，而且逾百年前就已由法國海員帶至歐洲。1830年傳入法國後被演變成一種「退擊術」。1964年，泰拳被日本拳

圖　2

擊經紀野口修傳入日本，易名「踢拳道」，風靡一時。隨
著八十年代向國際發展，泰拳已在世界各地日趨流行。其
獨特的實戰價值正越來越受到人們的重視。

㈡　今日泰拳

泰拳經過數百年的演變發展，到今日已成爲擁有近百
個拳場，數千個拳館，數萬名職業拳手的現代技擊運動。
並形成了一套較爲完整的拳賽制度。這些場地設施和拳賽
制度爲泰拳的進一步發展創造了良好的環境和條件。

1.拳賽制度

泰國的拳賽制度可分爲業餘和職業二種。一個少年進
入拳館習拳，經過數年的艱苦訓練，待其成熟後，即被安
排登台比賽，與其他拳館同級體重和水平相近的拳手對
陣，從此便走上了職業拳師的道路，並以比武來謀生。

有些泰拳師習拳最初，多半是業餘性質的，習拳者有
勞工、學生、軍警等等。如果在拳業上有所成就，往往會
放棄原來的職業而專心練拳成爲一名職業拳師。一般爲了
興趣愛好而上擂台比武者不能稱爲職業拳師。

職業拳師的拳壇生涯是十分清苦和冷酷的，但由於拳
酬較高，促使拳師們爲此拼命苦練。拳賽使得不少拳師名
利雙收，獲得較高的社會地位。一個初次登台的新手，每
場比賽可獲三百銖（泰國貨幣。20銖等於1美元）的報
酬，如果表現出色，酬金也隨之上升。一個名噪一時的走
紅拳師，每場所得不下七、八萬銖。就是一般的職業拳
師，也有四千至五千銖的拳酬，如果是全國頂尖的一流名
手，身價可高達二十萬銖之巨。對於一般泰國勞動者月收

入千餘銖來說，拳王的身價，無疑是一般人夢寐以求的。

在泰國的首都曼谷幾乎每天都有拳賽，分別在叻喃隆（每周一、三、四和周日）和侖披尼（每周二、五、六）兩大拳場舉行。周日下午還有電視轉播。入場費，以曼谷最低水平的拳賽爲例，可分三種價格，擂台周圍四方座位是九十銖，擂台四角，每票一百八十銖，而台邊座椅爲貴賓席，票價是三百六十銖。水平較高的拳賽，票價則由一百六十銖開始。如有一流高手對壘，票價自然還要提高。觀衆對拳賽的熱情程度也是其他項目所難以比擬的。叻喃隆拳場可容納二萬觀衆，大賽之時，常常爆滿，還有不少無票拳迷被拒之場外。

從 80 年代起，每年十二月五日，曼谷皇家都有大型的拳賽舉行，自上午開鑼，戰至深夜，爲國民提供免費觀賞泰拳的機會。拳手比賽的場次，在 80 年代初一般安排六十多對，到了 1986 年增加到一百六十多對，並有拳壇老前輩登台助興。

泰拳的賽事，通常是由「主催人」即拳場經紀人根據拳場的委托籌辦比賽，安排賽期。拳場主催人和拳場當局、拳館主人、拳師等各方面的關係十分微妙。拳賽組織的好壞與主催人有著密切的關係。

2. 拳場

曼谷的叻喃隆與侖披尼兩大拳場，一直是泰拳活動的中心。隨著社會的發展，盈利思想也越來越影響到拳場的運作。拳場也不得不以盈利爲目的，謀取利潤。

叻喃隆拳場是泰國第一個標準拳場，是政府御戶署的物業，故有皇家拳場之稱。1945 年開幕時，是露天拳場，

以後因賽事需要，進行加蓋整修，於 1951 年全部完工，從此拳賽便可風雨無阻地進行。叻喃隆拳場因屬政府所有，並由專業人士管理，所以營業成績頗為可觀。每年還從盈利中撥出經費，捐贈給空軍、海軍和警察部隊用作福利開支。

俞披尼拳場於 1956 年竣工開業，為陸軍署所有。由陸軍第一師團參謀長為場長，其營業收入全部歸陸軍第一師團所有。俞披尼拳場雖然不及叻喃隆拳場那樣健全，效益也欠佳，但兩大拳場的建立形成了競爭機制，大大促進了泰拳事業的發展。

拳場初期採用委聘節目經理制度，由節目經理聯絡拳壇的有關人士，安排拳賽。隨著泰拳賽事迅速擴展，「主催人」制度便應運而生。主催人受其所屬拳場的委託，按期籌辦拳賽。因此主催人的能力和才華直接關係到拳場的經營好壞。目前，由兩大拳場認可的主催人共有 16 名，個人與拳場當局，拳館主人和拳師有著十分微妙的關係。

根據 1984 年一項官方的統計，全泰國 71 府內有固定拳場 84 個。另外各種小型的臨時拳場和擂台不計其數。僅曼谷一地，每周最少有十場定期拳賽，分別在兩大拳場和電視台推出。近年來兩大拳場在周末下午和周日增加賽事，電視拳賽的廣告效益也日趨增加，因此各電視台爭相排出拳賽，比重也越來越大。

3. 拳館

在泰國全國有註冊的拳館就有 6105 家。一般拳館擁有的拳手，多者約 50 人，少者約 5 人。拳館的館主或經理，也多為退役的拳師，且兼任教練，培養新人。這些館

主設館收徒的原因，一則是嗜拳如命，愛好泰拳以便有所寄托；二則也是作爲一種企業來經營。

　　館主對拳師前途的影響很大，拳師在技術、體質及武德等方面能否有所成就，主要依靠館主的敎導、訓練和培養。拳手是一個拳館的經濟命脈，能培養出優秀的拳手不僅是拳館的榮譽，而且可爲拳館帶來豐厚的經濟收益。因此有潛力的新手，往往被視爲拳館的資源，重點培養。

　　泰拳館主不僅要提供必要的訓練場地和訓練設備器械，而且，訓練拳手多是分文不取的。館主照顧拳手生活，盡心盡力地傳授拳技，可謂是傾囊相授，不遺餘力，甚至連自己的絕招經驗都全盤端出，決不隱秘。當然，這種付出是會得到回報的，館主如能敎出武藝高強，技術超人的拳手，不僅可以拳手出賽所得分成支付拳館的開支，還可通過打賭輸贏獲得賭金，在這種經濟利益的促使下，館主必定對拳手嚴格訓練。這有助於泰拳技術的發展和提高。技術勢必越來越精，拳賽也更爲激烈精彩。

4. 拳師

　　在泰國，活躍的拳手每年出賽一般在 8 至 10 次之間。拳師的年齡也有所限制，在曼谷的拳場，限制出賽拳師的年齡最小不得少於 18 歲。但有志於練拳，想成爲一流拳手的，大多在 10 歲左右就開始苦練拳術了。

　　在曼谷以外各府的拳賽中，對出賽拳手的年齡則無太多限制，年齡不足 15 歲的兒童，上擂比賽也是很平常的事情。

　　通常一名拳手的擂台生涯約 5 至 8 年。鼎盛期爲 23 歲左右，這是泰拳手的黃金時期，有無建樹主要是在這一

年齡階段，以後因體能下降而漸漸力不從心。因此泰拳師通常在 26 歲左右就退役，而年逾 30 歲還在擂台上拼鬥的，可以說是寥若晨星。

以強生弱死來形容泰拳比賽，一點都不誇張，泰拳師的生涯充滿殘酷性和冒險性。一名拳師，自鄉間，打至縣鎮，再進入府市，獲佳績者才能打入京城曼谷，真是身經百戰。然而功成名就的畢竟只是少數，大多數拳師不僅要受皮肉之苦，而且要冒生命危險。以往，因沒有標準擂台、拳套、規則，拳賽非常殘酷，拳師的傷亡率極高。今天泰拳比賽的措施已有很大的改進，拳師的生命也有所保障，但因泰拳比賽異常凶猛激烈，死亡事故還是難免。現在，全泰國每年約死亡兩名拳師，而受傷者則難以算計。

在生活方面，泰拳師多保持獨身，因不少拳師深信，一旦親近女色，從此便變為另一軀體，會影響拳壇生涯，因此，泰拳師在成名或退役後，才敢結婚成家。

據統計，在泰國有登記的職業拳師達 65650 人，若加上其他非職業的拳師，總數大約在 10 萬以上。

5. 拳酬

一名拳手的身價不是固定的，而是需要協商決定。拳酬高低懸殊很大，這要根據拳手的名氣和經紀人的商業才幹。一名新手在他的第一次比賽拳酬僅有三十銖，而一名有聲望的冠軍拳手最高拳酬可達十五萬銖。

拳師出賽所得的拳酬，根據私下協議，要和館主分賬，最高是六四開，拳手拿六成，而通常是五成對分較為多見。對於館主來說，經營拳館的經費開銷很大，拳師的食宿、醫療雜用、教練薪金和添置訓練器械等，全部由館

主支付。如果經營有方，可賺取極爲可觀的盈利，如經營不善，不僅拳館因虧本而倒閉，館主也會因此而破產。現在曼谷一流的拳館，供養拳師二十名者，每月經費高達五、六萬銖之巨。因此館主要維持拳館的開支，必須依賴拳師出賽分成。

有部分拳師，對與何人比賽或酬金的多少是無權過問的。尤其是由內地被販賣入京的年輕拳手，通常是寄人籬下，任人擺布，形成一種變相的剝削。這是拳壇商業化所帶來的陰暗面。拳手有時被轉賣，在這種交易中價格也是不等的，有身份的拳手轉約費可高達五十萬銖。而無地位的鄉童僅值三千銖，全數歸原館主所有。但也有因打拳而出人頭地的，如在 1981 年退出拳壇的名將「千歲高手」威倉蓮，就因其擂台上的優異成績，雖出身貧寒，而勤儉致富，受到人們的尊重，被選爲市府議員。

早期的拳賽，拳師較技大都是爲了愛好泰拳和追求名譽，不太重視拳酬問題。如在 1921 年玫瑰園拳場，拳師拳酬每次僅有一百銖，皇城拳師尼戎和東北部主將乃央一戰，也僅獲賞金一百二十銖。進入叨喃隆拳場時代，拳賽業務大大提高，拳師的待遇也逐漸優厚。今日拳壇紅星的收入，可與影視明星媲美。

6. 賭　博

泰人以打拳、觀拳、賭拳爲樂。拳賽已成爲極具刺激的一種娛樂活動。縱橫泰國拳壇 30 年的名人添汶曾說過：「在泰國法律上，泰拳屬於一種賭博。拳師相鬥，博取彩金，與鬥雞和鬥魚同寓一網目。」拳師竭力搏鬥，置生死於度外，不正是以生命作爲賭注嗎？而拳迷則以拳師的輸

贏來下注賭博。賭博與拳賽已合爲一體。因此，泰拳比賽歷來吸引了大批的賭徒。

拳賽的賭博之風，使得拳師在比賽中的戰略發生了極大的改變。爲了求勝，榮譽道德已不是最重要的。拳師大都注重得分取點，速度、力度和耐力成爲致勝的主要條件，而技術反而次之。前代拳師，激戰到最後一局，已穩操勝券時，還竭力拼搏，以圖擊倒對手。而現在的拳賽，前兩局多按兵不動，探聽虛實，等獲優勢領先後，不等到比賽結束，就開始遊走台上，不再拼掙。因而技術變得簡單，一些技術性強、冒險性大的動作已越來越少見。

賭博之風，嚴重影響了拳賽的固有特色。但更爲嚴重的是，近二十年來屢次發生打「假拳」事件，賭徒、拳迷事先賄賂熱門好手，讓其輸拳，而下注於冷門拳手身上，從中博取彩金。因此拳壇當局，極力制止這種擂台假局的發生，也採取了較爲嚴厲的處罰措施。初犯者可遭停賽六個月的處罰；若是屢犯之徒，則予以終身放逐，永不得在京城擂台露面的嚴懲。

近代拳壇涉及龐大賭金的有名賽事枚不勝舉，最令人矚目的是 1979 年，泰拳師「冷面虎」納隆蓮力挫日本踢拳道高手藤原一戰，彩金高達百萬銖。1983 年末美國空手道世界冠軍「猛龍」當威遜征戰泰國，遭「穿心腿」沙瑪擊敗。雙方協議，以擊倒決勝，各下注三百萬銖，如比賽分點數決勝，則賭金各一百萬銖。結果泰國拳迷贏得巨額賭金。

對於拳壇賭博的弊端，是衆所周知的事情。政府國家行政局曾在 1972 年試圖禁止，無奈拳賽賭博已成定勢，

是泰拳比賽的特色之一，難以禁止，結果僅採納監察制度。如果沒有賭博，就難以有眾多的狂熱拳迷，拳賽的氣氛也就不可能那麼熱烈。沒有拳迷們的雷鳴般的掌聲和喝彩聲，泰拳師的拳腳也許不能表現得那麼精湛勇猛，泰國拳賽也將遜色一半，失去其固有的傳統特色。

㈢　泰拳的傳統習俗

1.宗教信仰

泰拳具有顯明的宗教色彩，這與泰國民族的宗教信仰是密不可分的。佛教是泰國的國教，起源於公元前 6 至 5 世紀前後的古印度。全泰國現有大小寺廟三萬多個，佛教徒占全國人口的 95％，佛教在泰國人的日常生活中占有重要位置。凡是男人在其一生中必須有一段時間要皈依佛門，體驗僧侶的清規戒律。這種習俗已成為泰國重要的教育制度。

在泰國，佛教雖為國教，但在其實際成分中卻混雜了婆羅門教和原始的圖騰崇拜。

婆羅門教據傳於公元前 203 年傳入暹羅。從古至今，泰國的宮廷儀式一直都是佛教和婆羅門教混合進行。因此，泰國人通常的宗教信仰，也是一種混合而成的宗教。人們雖然篤信佛教，也同樣信奉鬼神、先祖、聖賢和烈士。

泰拳師所信奉的宗教與普通泰人並無異樣。拳師通過佛教儀式，如求福於高僧，或在擂台上求師祈禱等等，其作用是為了保持心境的平穩，繼而增強置生死於度外的勇氣。以佛經所謂「不死」、「無痛」與「無畏」的心態自

勉，摒棄痛苦和憂慮，同時向先祖、聖賢祈求庇護及精神力量的支持，使其獲得勝果。

泰拳師供奉的神祇或異靈，一般都是神話傳說或歷史上的威武人物，經過莊嚴的儀式，拳師自信已得到神祇或異靈的保佑，故比武時無絲毫膽怯之心，勇如有神力相助，勢不可擋。

泰拳師信奉的神祇人物和歷史人物如下：

神祇人物有：

佛陀四面神（婆羅門）、神猴（哈努曼）、拉瑪（天神）、因陀羅（天帝釋）、神鷹（金翅鳥）、三首象（依拉汪）。

歷史人物有：

黑太子（拍納黎萱）、鄭王（達信）、泰拳宗祖（乃克儂東）、長勝王（武陵龍）、春蓬親王（功鑾春蓬）、斷劍名將（拍耶披猜）、劍聖（限．育知碧）。

除上述以外，還有祭拜飛禽走獸精靈的，如獅、象、虎、豹、牛、猿，甚至毒蛇惡蛟等等，無奇不有。

2.巫術

泰拳自古就與巫術有不解之緣，50 年代名師固恬曾曰：「泰拳技藝與巫術，自古時已混為一體，難以分解，凡為拳師，必須諳其術。出賽之前，需邀請法師為其念咒作福，祈保平安。」

巫術源於婆羅門教，其本意是運用祭祀儀式，令人和宇宙間諸神靈溝通，使人獲得神功異能。據考，巫術於公元前 3 世紀自印度傳入暹星，逐漸被當地居民接受，並成為一種風俗。

　　歷代泰國拳師，多習巫術，供奉神靈，施用咒訣，雕符飾身。有的四處尋求神靈之護身符，祈求予以刀槍不入的超然能力；有的採用如水草或植物根之類藥物，服用或塗在身上，令其皮膚堅韌，搏鬥時抗擊不損。

　　泰拳師所使用的傳統巫術，最常見的是：賽前行禮，默誦長咒，召喚神靈相助，以增信心；也有部分拳師，在賽前請高僧作法，或請巫師施術，在拳師掌上銘上符徵，謂之「矢手」，即神拳；還有向法師求賜符粉，敷飾其面部或塗於身體，受擊時可不覺傷痛，頗為神奇。

　　其他巫術方法，還有奉神物、灑法水、束符巾、吃草藥、紋身、祭神等等，五花八門。施用巫術是泰拳的傳統特色之一。

　　3. 神物

　　泰人稱神物為「功蘭」，最常見的是稱為「貢鐵」的護身符。貢鐵為鐵質，其質堅硬，色澤烏黑，鑄成佛像，據說可避邪鎮凶。泰人對其功能十分迷信，視為寶物。其他神物，則與佛寺有直接因緣的物品最受重視，如以僧袍布做成的物品、佛經中的經文、法事中的火灰，甚至某種特殊的顏料，都被認為是具有法力和異能的東西。

　　泰拳師通常佩戴的神物有下列幾種：

　　⑴吉祥圈

　　泰語稱為「蒙空」，以法線織繩做成，束捆成圈狀，外套以素色布料，圈末作結後延長如尾，以增加美感。今日拳師在作「禮師拳舞」時以此作為裝飾物。

　　⑵符巾

　　泰語稱為「巴哲」，即銘有符篆薄布，折成首巾，通

常爲白色，意義與吉祥圈相同。

(3) **臂環**

用符布卷成環狀，內藏有佛像或符篆，外形如彩帶，束於上臂間，有護身及催力功能，泰語稱爲「帕戎」。

(4) **靈袍**

即雕有符篆或經法的戰袍。

(5) **佛像**

各式各樣的佛牌、佛像，多束於臂環中。

(6) **護身符**

包括各式各樣的金屬、貝葉、樹皮，刻上符篆，經作法誦經後即可使用。通常用布繞或配以鏈索，圍於腰間或掛於頸項，可避邪。泰語稱爲「他骨」。

除了上述常見的神物之外，尙有以法線織成的指環、腕鐲、腳鐲等飾品。

凡是神物都需經法術儀式「開光」。神物有固定物主，如吉祥圈、靈袍等多屬館主所有；佛像護符，則多爲私人之物。神物的使用佩戴有禁忌，須嚴格遵守有關規定，否則將失去神力。

4. **符咒**

咒語泰語謂之「吉」，又名吉祥經，多以巴里文傳記，屬印度符經，其目的在於驅魔伏妖，催吉求福，進善止惡，又稱「護符祈禱」。

符咒源於印度婆羅門教，經吉蔑文化傳入暹羅，流傳已久，在泰國各種宗敎儀式、盛大慶典或日常俗節上都有其作用。從廣義上講，咒語有佛、巫二道之別，因兩者在宗旨和規範上有所不同，而在方法上也各不相同。

　　佛門弟子誦念的吉祥經，都屬祈施吉祥的語言，比較正統規範。而巫師作咒施法，則範圍廣闊自由的多，常賴以顯示神靈、避凶催吉或召喚超然力量，可謂神通廣大，不像佛門法師那樣受約束。

　　咒語有泰國本土流傳的，也有自老撾、高棉和緬甸各地傳入的。咒語常被施用於銘符過程。符紋中的文字，多由梵文或吉蔑文音符組成，因爲泰人對吉蔑文非常迷信，認爲其有超常的法力。

　　泰國巫術最通用的咒訣有下列兩首：

　　依　伽　域　滴

　　那　瑪　拍　它

　　在古代泰緬戰爭中，屢建奇功的武聖「黑太子」拍納黎萱，傳有「拍昭五器」咒語，其訣是「那摩弗秖唷」。據傳此五字眞言的涵義和戰爭各階段的情形相關連，屬壯氣助勢、催戰滅敵的軍號之一。五字眞言簡義如下：

　　那——布陣

　　摩——逼敵

　　弗——仇鬥

　　秖——破軍

　　唷——運勝

　　傳統的咒語，都是由單音或雙音字母及符號編成的口訣，頗易記誦，發聲時產生一種古怪的中音聲調，產生一種令人玄妙、高深莫測的感覺。

　　泰拳師最常用的一首咒語名爲「神猴之心」，其念誦的方法是將字號輪流誦讀，按順序更換。咒訣如下：

　　哈　努　瑪　諾

努　瑪　諾　哈

瑪　諾　哈　努

諾　哈　努　瑪

較複雜繁長的咒訣，則念誦一遍即可。

5. 紋身

泰族的紋身習俗與宗教信仰有著密切的關係，據唐代的《蠻書》和明代的《百夷傳》記載，那時的傣族（泰族的先民）就有紋身的習慣。泰人紋身繡面的意義據析有四種：①種族標誌；②妝飾美觀；③避邪鎮凶；④威武象徵。就泰拳師而言，其紋身和迷信有著不解之緣。如紋身師傅在其施術時，常要進行宗教儀式，甚至恭請僧侶到場念經作福。紋身師傅多爲巫師或還俗的佛門弟子。在其雕紋樣式上，不外乎圖案花紋、獸形、文字等三種形式，而不同的形式花樣，據說有其不同的功效。

一般的圖案花紋，以符篆圖樣爲主。獸形則有好幾種，如紋上神猴或傳說中的神獸。文字多屬吉祥之語或佛經法句、或符經文句，通常用巴利文或吉蔑文，以示神聖。當然紋身的圖案設計是多種多樣的，但大都是與護身避邪有關的神靈及符經。如「神猴」哈努曼，就代表著超然力量和耐力。又如符篆圖形，紋於胸膛之間或背項，據說可抵禦凶器的襲擊。

紋身不僅是泰國神秘奧妙的民族藝術，而且也是泰拳不可分割的一部分。泰拳史上有不少名拳師紋身，如有「鬼火妖」之稱的錢蜀。有「牛郎」之稱的沙目，均在胸前紋有圖案，給人以威武雄壯的印象。80 年代的無敵拳王「通天膝」狄西蓮，則在其膝蓋上部銘有符紋，其膝部功

夫之精湛，威震拳壇，甚爲神奇。

6. 拜師儀式

泰拳界在收徒時，非常講究學生的道德品質和身體條件。學拳者需經人介紹或推薦，並經過嚴格的測試，合格者才能入拳館學拳。拳館每次接收新學生時，都要舉行入學儀式，即所謂的拜師禮。這種形式甚至在現代體育院校中選擇泰拳課程的學生也不能免除。

拜師禮通常在周四舉行，由法師選定吉日，在佛陀面前行禮法。此項儀式，泰語稱爲「勤固」，即拜師。入門拳師行弟子之禮，向館主及師傅立誓，許下諾言，服從館內的各項規章。

儀式過程，在佛佗神龕西側放置拳師的用具（拳套、吉祥圈、臂環等），入門拳師先向佛佗獻上鮮花、白布、香楗，或連同少量的禮品，如錢幣之類，繼而虔誠誦念誓言：

「余今日拜師，懇求納爲忠心弟子，余敬您信您，珍惜您所傳訓誨和技藝。余將遵照師術及風範如己所期。永遠不思不做不利恩師或同門之事。此誓言乃發自眞誠，永志不渝，謹請天地四方爲證，祈求您常庇護吾輩，茲將余身、語、意奉獻於您，作爲您的門徒，崇敬服從，冀求盡授絕學，助吾意志，保吾逾險，祐吾安享愛樂，永恆不絕。」

許誓之後，隨即默思及誦念佛經，師傅爲新徒選擇一個合適的藝名。所取的藝名通常是與其外表、性格相符。自此拳師即被視爲拳館的一員，未經同意不得更換門庭。

7. 拜師拳舞

泰拳師在出賽時非常迷信，特別重視賽前的禮儀，以祈求拳台聖靈的保佑，驅逐邪魔，以便比賽時不受騷擾。賽前的禮儀一般可分為二部分：一為拜師，泰語稱為「雕固」；二為漫舞，泰語稱「麗藍」。形式可謂各式各樣，多姿多彩。

拳師登上擂台後，先向教練膜拜。拳手們雙膝跪地朝向他的拳館、家門或出生地，用拳套掩住雙眼，身體前俯，直至拳套碰地，禮禱約 3 分鐘左右。祈禱的內容大致如下：

「余克出師上陣，衷心感謝先祖及師傅恩德，斯日登台，已抱必死之心，當全力一戰。苟不幸遭逢失敗，祈予庇佑，保吾平安，若處困境，翼能獲指點迷津。顧各親屬弟兄，為吾祈禱，幸甚。」跪地膜拜見圖 3 所示。

祈禱結束後，開始做拳舞儀式，這種拳舞形式因地區和拳館不同而各不一樣，各有不同的特點。有經驗的拳迷一看拳師所演示的拳舞，便可知其出自何方。

泰拳壇對於拳儀藝術非常重視，極力推崇。歷史上曾數次舉辦純禮儀的比賽。展示拳舞最優美或藝術性最高的便獲冠軍。

泰國各地擂台上所見的拳舞形式，數目有多少，則難以計數，且大部分拳儀的淵源已無從研考。

拜師拳舞變化不多，通常拳師在動作方面可以揉合、變化和創新。比較常見的有「三宮步」、「四面神」。各式拳舞各有其風格特點。「四面神」因其台步趨向擂台四方而得名；「三宮步」的步履飄忽不定；「天神神箭」則瀟灑豪放；「猛虎逐鹿」則形神俱俏，氣勢逼人。拜師拳舞見

圖 4 所示。

圖　3　　　　　　　　　　圖　4

　　泰拳的賽前儀式往往給人一種「迷信形式」的感覺，其實我們將之去僞存眞，不難發現賽前儀式的內在價值。實踐證明，拳師在擂台上勇猛無畏和表現出高超的技藝不是上蒼所賜，其中也有賽前拳舞的功勞。歸納拜師拳舞的作用有下列四點：

　　(1)定神

　　由於泰拳比賽凶狠激烈，拳師在拼搏之前，通過拳舞儀式，可調整心理狀態，安定情緒，解除外來干擾，培養鬥志，同時適應賽場的環境和氣氛，動員身心的全部潛能，進入良好的競技狀態，爲格鬥做好心理上的準備。

　　(2)熱身

　　拳師的準備活動一般在數小時前就進行了，當拳師在更衣室內等候出賽時，只能做些輕微的四肢和軀幹的舒展運動。而賽前拳舞儀式好似第二次熱身，對拳師身心起到了極好的調節作用。通過拳舞儀式的各種緩慢動作，拉長了肌肉和韌帶，促進了血液循環，提高了運動器官的興奮性。通過調整呼吸的節奏，使之更加深沈安靜，使內臟器

官爲激烈運動作好準備。

(3)示威

通過拳舞儀式，展示自己的精湛的拳藝，良好心理狀態和堅定戰鬥意志，打擊敵手的信心。是一種心理戰術，使敵未戰先敗，產生恐懼心理，從而克敵制勝。

(4)演技

通過拳舞儀式，拳師表現出對泰拳精髓的理解和領悟，展現泰拳的優美姿態和拳師本身的精湛技藝，給觀眾以莊重神祕的感覺。

8. 戰樂

以凶悍聞名於世的泰拳比賽，是在音樂伴奏下進行的。這除了類似泰拳、緬拳、柬拳的賽事以外，在世界各種武技的比賽中是十分罕見的事情。

泰拳比賽自始至終，充滿著激烈拼殺的氣氛，拳師的招術無不凶狠毒辣。而傳統的戰樂演奏更是將這種拼搏氣氛渲染得淋漓盡致，把人們帶入一種真實濃重的戰鬥境地之中，彷彿拳師們正處於生死存死的邊緣。

有時拳賽出現消極沈悶的局面時，音樂的調子便會提高加快，促使拳師提高戰鬥的勇氣。

每回合的比賽，音樂的音調和節奏都會逐漸加強，配合拳迷們大聲的嘶叫，使整個賽場充滿格鬥的刺激和酷烈氣氛。因此，戰樂已成爲泰拳的傳統和特徵，是泰拳比賽不可缺少的組成部分。

泰拳比賽的傳統戰樂，由爪哇笛、銅鈸、高音鼓、低音鼓四種樂器所組成。

爪哇笛源於印度，泰語稱「披差洼」，是一種吹奏樂

器，現已溶爲泰國的民族樂器之中。在有御演、軍操或傳統泰拳表演時，一定要使用爪哇笛。爪哇笛的演奏音調比較尖怪，是戰樂曲子的主旋律。比賽中，格鬥雙方你來我往，變化多端，因此，要求樂師有相當高的演奏技巧和氣力。忽快忽慢，時長時短，配合或指導比賽的節奏，吹奏不停。用樂曲的旋律，鼓動、激發拳師的鬥志。

銅鈸是一種打擊樂器，泰語稱「淸」，這是取其打擊時的聲音。銅鈸是成對的，演奏時，雙手各持一半，相互撞擊。銅鈸發出的聲音具有一種震蕩感，比較深遠，很有節奏和韻律，同時兼有計時的作用。

獸皮鼓也是一種打擊樂器，泰語稱「岡曲」，意爲巫人鼓，有雌雄之分，雄鼓爲高音，雌鼓爲低音。高、低音鼓同時或先後交替發音，使戰樂更具立體感，充分體現了格鬥場面的激戰氣氛。這與昔日古戰場的戰鼓頗爲相似，激勵拳師奮勇搏鬥。

9. 禁忌

泰人視頭顱爲靈魂之居所，因此非常忌怕頭部被人觸摸，只有父母和師傅例外。如在賽前拳舞後，師傅會輕拍拳手的頭部以祝好運。泰人迷信頭若被觸，靈魂即受到褻瀆，其神聖法力或異能均因此而受損，甚至消失。特別忌諱被女性觸摸。

女色一直是被泰拳界視爲禁忌，認爲泰師一旦被女性所染，其精神和氣力必受影響，並因此帶來厄運。因此凡是拳場拳館的擂台，都禁止女性踏足，偶遇女佳賓於拳賽中應邀頒獎或獻花時，頒贈禮儀必定在擂台之外進行。女性涉足擂台被公認爲是凶兆，這種禁忌已成爲泰拳的傳統

習俗，是不能改變的。

㈣華裔拳師對泰拳的貢獻

華人活躍泰國拳壇，可追溯到 1921 年的中泰拳賽。昔日暹羅政府提倡傳統的拳藝比賽，特於京城曼谷的玫瑰園大學擺擂台，邀請各府豪傑赴京較技。這是泰國早期的職業拳賽之始。

那時在暹羅的中華會館會員、《華暹新報》社長蕭佛成，潮州公所委員韓瓊豐的協力安排下，聘請當時名滿中國的鷹爪拳大師與泰拳頂尖高手乃央作賽。結果鷹爪拳大師敗北，以後曼谷的僑領又多次聘請中國拳師和泰拳高手交戰。隨之本地的華裔青年逐漸涉足泰國拳賽圈中，並取得了越來越好的成績。

1928 年，有粵人蔣宮，二度逼和泰拳師。而瓊人「霹靂手」雲介，更是大破著名拳師「神猴」乃榮，且連戰連勝，並在南邦府擊敗「東北腿王」乃彭。此外，陳古和林寶貴，也是頗受歡迎的華人拳師。

1936 年 1 月 1 日爭奪「三軍之冠」的甲組拳賽中，華裔拳師律他里，苦戰五局，戰勝其對手他威，勇冠三軍奪得桂冠，成為陸軍部拳場的冠軍拳師。律他里，華名高文，有「虎鯊」之稱，自「皇家團拳場」顯名拳壇，以拳招凶狠，驍勇善戰而聞名。尤擅左拳，威猛無比，曾挫敗名手多人，可謂所向披靡。

在律他里之後，華裔拳師迭獲冠軍。1954 年，「潮洲毒龍」沛碧，華名賴祖漢，奪得羽量級泰拳王座。1960年又有「王麒麟」亞里塞，華名陳才成，獲輕量級泰拳冠

軍。最爲注目的是有「泰拳史上最偉大的拳王」之稱的亞披勒，曾一年內連奪七條拳王金腰帶。亞披勒，華名莊金盛，其父親是中國人，母親爲泰國人。1941 年出生，學藝於其中學體育敎練素蓬，在內地出師，積三十戰不敗的紀錄。以後又走紅京城拳壇，成爲當代拳壇之皇牌偶像。

　　亞披勒的過人之處，在於可用四肢八體任何部位作爲武器制敵。最著名的招法，是連環踢腿，不僅勁力無比，而且準確無誤。特別擅長左腿飛掃，常連發數腿，專攻對手的腰肋，屢挫強敵，故有「旋風腿」之稱。

　　1962 年起，亞披勒走紅拳壇，以積分打敗「重擊手」喬汪，擊敗「白虎及」粦猜，再以連環腿擊潰全能拳師阿侖，成爲泰國拳王。以後所向披靡，拳壇名將如黎威、頌猜、洛杰等逐一臣服。著名的「闖將」頌蓬，被其踢至臂折，戰不到三局即棄權。後再進軍國際拳壇，同樣戰績顯赫，擊倒菲律賓拳王亞蘭特，榮獲遠東沈量級拳擊冠軍，成爲世界級的拳王，其聲望盛極一時，被譽爲近代最威猛的拳師。

　　另一位在泰拳史上舉足輕重的人物，是被譽爲一代宗師的華裔拳師金成。他創立「他威實」拳團，門人至衆，至今在泰國各府各區，尚可找到踪跡。其拳藝至今廣爲流傳。

　　金成宗師生於 1890 年，曾學藝於高棉人固喬。1917年，在京城之越隆他懷寺附近開設拳館，傳授泰拳、西洋拳術，以其名「他威實」爲標幟，門徒衆多。其首屆門徒成就者很多，如乃實、尼戎（泰國首位世界拳擊冠軍乃鵬·甘碧之師）、固添（泰國柔道宗祖）等。

金成宗師德高望重，多次出任各大拳場的拳證，如1930年舉行的泰拳史上首次「暹羅全國重型拳術冠軍」大賽，就由金成宗師登台執法。曾受聘於教育部，為其轄下學府教授泰拳及其他項目。

金成宗師於 1961 年 7 月 22 日病逝，時年 72 歲。其人雖已作古多年，唯其精湛的拳藝，崇高的精神及其傳奇式的事跡，迄今仍為人傳頌。

除金成的「他威實」拳團外，有影響的還有陳基的「戎達吉」拳團（50 年代，經其訓練的拳手十有八九成為冠軍名手）。

除上述華裔拳師外，尚有書名的拳壇經紀和拳賽主辦人。如國際拳擊經紀大衛（華名吳金陵），操「拳頭生意」達半個世紀，對泰拳的推廣及進軍世界，功績顯著。再如現今在泰拳壇首屈一指的拳賽主辦人乃宋‧干乍納趨塞亦為華人，華名葉銳勛。另一今日拳壇的大紅人歐亞興，都是泰拳界舉足輕重的人物。

縱觀泰拳的發展史，華裔拳師對推動和發展泰拳，有著不可磨滅的貢獻。

㈤　泰拳和其它武技的關係

1. 泰國古拳與中國武術中的傣族拳術相承一脈

泰民族的祖先是原居於中國西南地區的傣族，至宋代才遷移到中南半島地區。由於其密不可分的血緣關係，在泰民族的風俗習慣中迄今仍有傣族的遺風存在。在每年的重要節日裡如春節（宋乾）或夏至之時，都要穿著錦衣霓裳，載歌載舞地歡慶，頗具民族特色。而拳術表演通常是作為壓軸戲。

　　泰國古拳的表演形式有三種：單練，對練和群舞。古
拳表演時，拳師多佩戴貢鐵、神物或吉祥圈，又有以獸形
紋身的習慣，甚至在腿部雕以花紋圖案，體現一種剛毅堅
強的民族特徵和傳統的審美觀點，同時具有催吉避凶的意
義。

　　古拳的禮師動作非常優美悅目，都是模仿動作形態和
技擊方法相結合的動作。式樣繁多，如神猴與古詩劇中魔
神等動作造型，維妙維肖。據色軍府古拳師傅宗廊·納旺
瑪尼解釋，古拳禮師法一十四勢，全以神話異獸形式爲
名。古拳師較技時，一般重進攻。進攻弄敵，退則漫舞，
非常優美灑脫。

　　古拳的攻防技法很多，花樣奇趣，如鯉魚擺尾、彈
腿、拔腳，更有舉足踹敵背部使其前傾，然後躍身跨越其
首的動作以及扼鎖關節等方法。可惜這種頗具泰族傳統特
色的古拳，已日趨蕭條沒落。而在泰族的祖籍地中國的西
南地區的傣族社會中，卻保留著獨特的武術體系，稱爲
「傣拳」。

　　傣族拳法，千姿百態，練來舒展大方，發力迅猛，攻
防以下盤爲主。跌撲、摔打爲基本動作，配合各式腿法、
手法成爲套路，頗具小架子「南拳」的風味。動作保持低
勢，以便進攻和防守，以逸代勞，以柔克剛。著名的「孔
雀拳」便是最具傣拳特點的拳術，其造型優美，招式充分
表現出孔雀的剛柔健美之態。其它還有模仿野牛、雞、
猴、大象等動作的套路。演練時，由象腳鼓伴奏進行。

　　縱觀泰國古拳和傣族拳術的演練形式和動作特點，可
謂一脈相承。這是傣族先人在與大自然的搏鬥中形成和發
展起來的。仿生和象形是拳術動作的基礎，充分體現出傣

族人民的純樸、奔放、豪爽的民族特徵。

2.拳擊運動對現代泰拳的形成和發展影響巨大

早期的泰拳比賽多是「纏麻式」拳賽，因此拳師的安全得不到保障。直到 1912 年西洋拳擊的傳入，才使泰拳發生了根本的變化。拳擊運動的競賽形式和技術被廣泛地吸收到泰拳中，從此拳賽由纏麻式變成戴拳套式。由於拳套的採用，拳擊的技術也被全盤接收。現代泰拳的基本拳法基本上是從拳擊中移植而來的，且名稱都一樣，如左引拳、右直拳、鈎拳、上擊拳和擺拳。上述泰拳拳法的技術要求也與拳擊相同。

泰拳吸收了拳擊運動的競賽規則、方式和技術後，逐漸形成了自身的體系。因此，拳擊運動對現代泰拳的形成和發展影響巨大，它使泰拳朝著現代文明和體育化方向發展。

3.日本踢拳道促進泰拳走向國際

日本踢拳道協會創立於 1966 年。踢拳道，就其本質而言，實際上是泰拳的翻版。究其興起的原因，主要是 60 年代初，日本空手道高手和泰國拳師有過數次交鋒，結果日本空手道高手慘敗，從而使得日本人對泰拳產生了濃厚的興趣，但又不願直接接受，於是便由野口修氏創立了踢拳道這個泰拳的複製版。

踢拳道的規則規定，拳手必須戴八盎司（1 公斤等於 35.37 盎司）的拳擊手套，穿戴護踝、護襠和短褲。體重分級在初期分為：124 磅（1 磅等於 0.4536 公斤）以下為輕量級；124 磅—149 磅為中量級；149 磅以上為重量級。現在的分級已和泰拳完全一樣。規則規定不准攻擊眼部和襠部，不准攻擊一個已經倒地的對手或企圖窒息對手，不

准扭鎖對方的關節部位。除此以外，可以運用各種打法，允許使用空手道的劈砍、摜、突等技法和採用柔道中的投技，甚至是一些相撲中的招式。因此踢拳道的競賽形式和技法和泰拳並無區別。

雖然踢拳道只是泰拳的一個副本，但是自從日本踢拳道協會成立後，踢拳道很快在世界各地崛起。國際性的踢拳道比賽，每年十月在東京舉行，各地選手雲集日本，與日本拳師決一高低。

通過踢拳道的比賽，使人們逐漸了解到了泰拳，日益擴大了泰拳在國際上的影響，對泰拳走向國際起了推波助瀾的作用。目前，在許多國家都開展了泰式拳賽。

4. 泰拳與鄰近諸國的武技關係密切

泰國的近鄰柬埔寨和老撾的拳賽風俗，亦有其悠久的歷史，而且在形式上與泰拳完全一樣。

在東南亞最早出現的「印度化」國家為吉蔑（高棉）人，早在 10 世紀已建立扶南王國，雄視中南半島。6 世紀後，真臘代興建立了著名的吳哥王朝，其全盛時期的版圖兼併囊括了湄南河流域、北達素可泰府地。在吳哥窟神廟的浮雕上，有角力及拳鬥活動的記載。

古蔑人繼承了印度文化和宗教，形成其獨特的民族風格。泰人進入中南半島後，文化和藝術的發展，也深受其影響。至今，兩國在宗教、舞蹈、建築等各種藝術方面有著許多相近之處。泰國早期的語文創造，也以吉蔑文為藍本。

柬埔寨的拳術活動，可追溯到公元 1 世紀的吳哥王朝時代。其國雖在 13 世紀遭泰族所滅，南遷至金邊，但其文化藝術幸得保存下來。在 60 年代，首府金邊的國家體

育館，每周末均有拳賽，名謂「卜蹬」，意即自由拳擊，其方式、技術與泰國相同，並且非常重視伴奏的戰樂。

由此推斷，柬埔寨、老撾的拳術和泰拳應有共同淵源關係。但因上述兩國一直受戰亂影響資料交流甚少，難以作進一步的考究。

泰國的另一鄰邦緬甸，歷來和泰國交往很深。緬甸有其自身的武術體系，稱為斌道。斌道有「剛」「柔」兩式之分。

柔式，主先守後攻，善於側擊閃打及近身鎖摔。剛式，又稱斌道拳擊，即傳統的緬甸拳擊。其法寓守於攻，擅硬攻直上。

傳統的斌道拳賽，是一項極為粗暴和危險的運動。比賽的形式非常原始，全無限制，拳打腳踢，膝撞頭觸樣樣可以。故拳賽多以一方拳師被擊昏、認輸、或不能續戰而結束。拳師骨折、重傷、甚至戰死擂台，也是司空見慣的事情。

拳師上陣，均徒手赤足，拳腕扎纏布帶。每場比賽打四回合，每回合長達 45 分鐘。被擊昏的拳師，醒後可繼續比賽。在拳賽中有傳統的音樂助陣。拳師喜歡紋身，以示威武，在賽前也有向師傅叩拜致敬的習慣。

縱觀泰拳和斌道，兩者在形式上有著極其相似的一面。

但就其本質而言。斌道只是停留在泰拳早期的纏麻式拳賽的形式上，比較野蠻，技術也凌亂。而現代泰拳已成為一種進攻動作細膩緊湊，防守嚴密無縫，技術較科學的一門武技。

二、泰拳的基本技術

㈠　基本姿勢

泰拳手在擂台競技尚未施展拳腳之前，都必須保持正確的基本格鬥姿勢，這種基本姿勢是一切攻防技術的基礎。泰拳稱之爲「防衛」或「準備」姿勢，俗稱「拳椿」。

泰拳的基本姿勢，是一種身體空位暴露最少，最趨嚴密科學的搏擊姿勢。它有益於進攻、防守和反擊。是拳手們在攻防前後都必須保持的基本姿勢。

基本姿勢的構成（以左勢爲例）

1.兩腳與肩同寬，左腳向前上半步（約15公分）；右腳腳尖外展，兩腳約成90°角。

2.兩手握拳，左拳爲先鋒拳，舉至左眼前方；右拳舉至下頜右前方。含胸拔背收腹，下頜盡量內收貼胸，掩護咽喉要害。兩肘距離肋部 10 — 15 公分。

3.上身右轉，左肩側對前方。身體重心平均落於兩腳，兩腳腳前掌著地支撐，兩腳跟微提（離地約 5 厘米）。同時，兩膝輕微彎曲，使身體

圖　5

處於一種彈性狀態，輕鬆靈便。

4.兩眼注視對手，視野要包括對手的全身部位。基本姿勢見圖 5 所示。

㈡　步法

步法在泰拳中古稱馬步，古代泰拳的馬步形式有好幾種，但基本上都是遵循著一組三角形線路圖進行的，作爲發拳踢腿，攻守進退的基礎，這就是著名的「三宮步」。現在泰拳的步法，大致上是繼承了「三宮步」的形式，但增加了一些配合腿法和反身技術的回旋步法和進擊步法，以助技術的充分發揮。

泰拳的步法強調自然和順，簡練有效，進退輕靈迅速，攻守堅實穩固。人體的弱點既要暴露至最低限度，又要不妨礙攻防技術的發揮；同時，保持全身肌肉筋骨處於輕鬆靈便的運動狀態，適應長時間格鬥的需要。拳語說「步不快則拳慢，步不穩則拳亂」，步法是進攻和防守技術發揮的關鍵所在。泰拳手都十分重視步法的練習。

1.基本步法

泰拳的基本步法有前移、後移、左側移和右側移四種。

⑴前移法：左腳迅速向前滑一步，右腳隨之跟上（圖6）。動作完成時保持基本姿勢。初學時，可能比較僵硬呆板，得熟練後，兩腳移動就會連貫輕鬆，成爲彈跳狀態。

⑵後移法：右腳向後滑一步，左腳隨之跟退（圖 7）。要求同前移步。

⑶左側移步：左腳向左橫踏一步，右腳隨之緊跟（圖

8）。

　　⑷右側移步：右腳向右橫踏一步，左腳隨之緊跟（圖
9）。

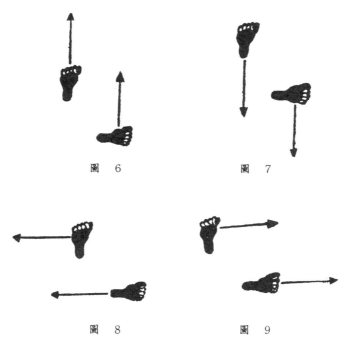

圖　6　　　　　　　　圖　7

圖　8　　　　　　　　圖　9

　　熟練上述四種步法，便可在擂台上進退敏捷，靈活自
如。而其它靈活花巧的步法，皆由這四種步法演化而來。
應用時可根據實際情況，調整步法的幅度、角度，而形成
速進、急退，斜進、斜退等方法。原則上，在做完重複移
動後，保持原來的防衛姿勢。

　　2.其它步法

　　泰拳在技術發展上，特別強調個人的風格特點，拳手
們依照適合自己的拳路發展技術，自成一體。在實際格鬥

的很多情形下，拳手會根據需要使自己的右腳處於鋒位，如配合左右連環拳直線追擊，或右腳發空，而左腳即上的瞬間。但一般拳手都能在最快的時間內恢復原來的防衛姿勢，通常用「回步」來完成，即把先鋒腳弧線撤回後方。這些追擊步法和回旋步法都是由前述四種基本步法演變而來的。因此，無論任何繁複或深奧的步法也只是前述步法的融合與變化，成爲單式動作的反覆運用，只是運用得巧妙而已。

下面介紹幾種擂台上常見的較爲複雜的步法。

(1)旋繞步

旋繞步是在格鬥時，雙方互相觀察試探，尋求對手破綻，而或左或右地旋繞，伺機而動的步法（圖10）。

練習此步法可按照圖中的線路重複進行。移動時，雙手需保持防衛姿勢，一腳移動，一腳跟隨，左右環繞，

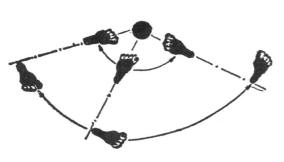

圖　10

上身姿勢不變。

(2)側移步

側移步是在對方逼近或出招攻擊時，側移閃躲，避其攻勢的步法（圖11）。

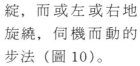

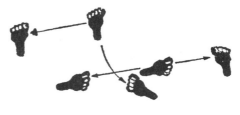

圖　11

掌握這種步法後，可以輕易避開對方的攻擊，而使自身移到對方的側面，甚至繞其背後，予以還擊，是一種非常巧妙的步法。

(3)**換步**

圖　12

換步是西洋拳擊的一種高深步法，但在泰拳中也十分常見。

泰拳因其腿法的使用，常常需要變換方向，隨時應戰，因此，拳技精湛的拳手，常常具有左右兩勢的本領，隨時可以變換姿勢，如左勢變右勢，或右勢變左勢，這些變勢都需用換步來完成。其作用是閃避對手的進攻，同時迅速進行反擊。在換步時要迅速靈活，特別要注意身體重心的掌握，保持平衡，以利出拳發腿反擊。

換步見圖 12 所示，圖中為左勢變為右勢，右勢變為左勢的換步。這一換步法，還可以演變成前進換步或後退換步，這要根據實際情況靈

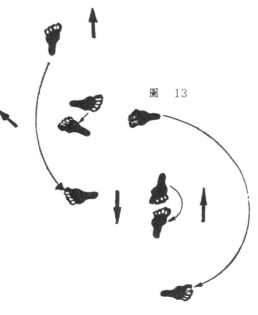

圖　13

圖　14

活運用。

(4)**轉折步**

轉折步是泰拳步法中一種精巧的步法。身體以一腳爲軸轉動，改變方向，角度大小可以隨意選擇，爲進攻或防守創造有利條件（圖13、14）。

轉折步運用得當，可以使對方進攻落空而茫然不知所措。進而伺機反擊。

㈢　拳法

泰拳的拳法基本上與拳擊相同，大致可分爲直拳、鈎拳、上擊拳和擺擊拳等等。

拳擊只准許用拳擊打，故此其拳法比較密集緊湊，力度大，威力強。而泰拳是手足並用的自由搏擊，沒有拳擊那種限制，因此拳法的變化較多，許多拳擊中不准使用的拳法，在泰拳中則是隨意使用的，例如鼓拳、掌摑、回擊拳和後擺拳等拳法。

另外，泰拳除拳法外，主要以腿、肘、膝作爲進攻武器，且攻擊目標範圍包括整個身體，所以在防守時需照顧到全身的各個部位。拳法的濫用，會導致頭部和胸腹腰肋等要害部位的空虛，易受對方腿法的襲擊。這就促使泰拳的拳法只用於試探、虛掩或反擊，往往配合其它技法的使用。這就決定了它遠不如拳擊那樣緊湊快速。泰拳手在運用拳法時，注重簡練實用。根據實踐的需要，在使用拳法時，其運動方向路線和動作技巧上都有變化。在世界拳擊冠軍中也不乏泰拳高手，許多拳手可以兼打拳擊。

泰拳手用拳時，其要訣爲「準」、「狠」兩字，重蠻

勁、重凶狠，極具威力。有時，一記重拳往往可以結束一場比賽。根據科學測試，輕量級拳手的拳力約在 125 至 135 公斤之間，而沈重級拳手，其出拳力量可達 200 公斤。

拳法要達到迅猛有力，首先是動作要正確，用勁要得法，時機要準確，這樣才能收到實效。拳法的基本要點有四條：

第一，握拳正確

任何拳法，都需有一個正確的握拳方法，才能實施正確的擊打技法，否則，就難以集中力量，影響擊打效果，甚至會造成手指和腕關節的挫傷。

正確的握法是：四指卷曲握緊，拇指屈指壓於食指和中指的第三指節處。拳的力點在中指、無名指和小指的掌握關節處（圖 15）。

圖　15

第二，用力順達

拳不要長時間地緊握，拳在末發時，應是虛握的。當出拳時，肩臂隨之順勁，至拳將要接觸目標的瞬間驟然握緊，集全身的力量於拳面，產生爆發擊打力。拳臂長時間的緊張，不僅虛耗了精力，而且造成動作的僵硬和遲鈍。

第三，周身協調

出拳的動力是靠腿的蹬伸發力，通過腰、肩、臂將全身的力量匯達於拳，單靠手臂的力量是遠遠不夠的。因此，出拳必須依靠步法的移動推進產生衝力，在最佳的時機和距離內，爆發出拳擊打目標。此時所產生的力量最

大，往往能將對手擊倒。拳法和步法、身體動作協調配合，才能達到最好的擊打效果。另外在擊打目標瞬間，不應只停於接觸目標，而要擊透目標，從而產生更大的破壞力。

第四，攻守兼備

在用拳進攻的同時，必須要注意防守，養成一拳出擊，另一拳護衛防守的良好習慣。即便是連續的拳法組合進攻，也要注意嚴防自己的要害部位。

1. 基本拳法

⑴左引拳

左引拳是先鋒手的引擊法，是一種干擾或障礙性的攻擊方法。它是泰拳主要的基礎拳法。一個優秀的泰拳手都必須掌握左引拳的技術。

左引拳雖然沒有決定性的擊倒能力，但作為強有力的攻擊前奏，在探試、迷惑對手，令其失去攻擊目標能起很好的作用。擅於左引拳的拳手，常常能掌握主動，控制局面，進可攻，退可守，令對手無所適從，失去信心。

一連串快速銳利的左引拳，不僅可以遏止對手的猛烈進攻，而且可為使用肘膝等重創對手的招法尋找空隙，創造擊打的條件。

動作方法：

由基本姿勢開始，身體向右擰轉，左肩前順，左拳內旋迅速向前衝擊，力達拳面。同時右拳提至頜側，手臂防守中部，以防對手反擊（圖16、17）。

擊打目標：

左引拳的攻擊目標主要是面部，包括眼、鼻、嘴、下

頜等部位。有時，胸肋也被視爲擊打的目標。銳利的左引拳也可擊破對方的眉角、鼻骨等弱處，造成技術擊倒對手的效果。

要領：

運用左引拳時要注意步法和距離，出拳必須配合擰腰轉肩，身體前趨，以加大衝拳的力量。完成動作後，要立即回收。

開始練習時，可單獨練左引拳。待熟練後可進行組合拳的練習。

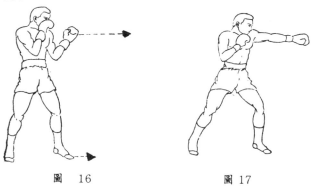

圖　16　　　　　　　　圖　17

泰拳中最基本的、最重要的組合拳法是以左引拳開路，右直拳擊打的左右連環直擊法，各爲 1～2 拳。這個組合拳功效大、應用廣，被視爲泰拳拳法的基礎。除此之外，其它的組合拳法有：

左引拳——左鈎拳。

左引拳——右上擊拳。

左引拳——右鈎拳。

⑵**右直拳**

右拳的直擊法與左拳的引擊不同，因其處於後方，發

拳的距離遠，擊中目標時的威力很大。但是由於出拳的距離長，路程遠，較易被對手察覺而及時閃躲；或因用力過猛而擊空，露出空位，甚至失去平衡，給對手以可乘之機。

右直拳是左式拳手的「重拳」，通常威力極大，如果時機掌握得當，往往可以擊倒對方，產生極好的效果。使用時，必須要掌握正確的方法，才會發揮作用，否則會事得其反。

動作方法：

由基本姿勢開始。身體左轉，重心移至左腳上；右腿蹬地使身體前傾，右肩順送，右臂、右拳內旋前衝，力達拳面。同時，下頜微收，左拳保持防守姿勢（圖18、19）。

擊打目標：

右直拳的擊打目標主要是面部、下頜、心窩和腹部。

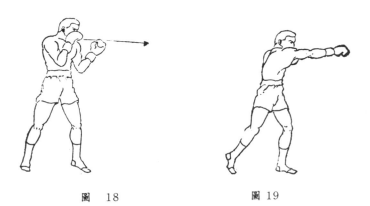

圖　18　　　　　　　圖 19

要領：

使用右直拳時應特別注意擰腰轉肩；在拳接觸目標時，足腿腰肩拳要協同發力，一氣呵成。

泰拳中所謂的逆擊拳，就是在對手用左拳直擊時，以右直拳從其臂上擊打對手的交叉擊拳法。要求右直拳在發拳時，先提拳臂至肩或更高的位置，然後打出。拳的運動路線呈斜下砸擊軌跡，這樣可以有效瓦解對手的左拳攻擊或突然反擊。

(3) **鈎拳**

鈎拳分爲左鈎拳和右鈎拳。左鈎拳是基本拳法中難度最大的一種，但熟練掌握其技術後，有很強的攻擊力。

鈎拳的技術比較難掌握，長距離的鈎拳，雖然容易發揮力量，但空當太大，易於落空；而近距離的鈎拳角度狹小，距離短，又不易發揮，因此必須反覆練習。經過刻苦的磨練，才會眞正掌握，做到運用自如。

動作方法：

由基本姿勢開始，左腳蹬地，上體向右疾轉，利用腰部突然轉動的力量帶動左臂揮擺；隨著擺臂，肘關節上抬至肩同高，拳自外向裡成小孤形斜線擊打目標。手腕內屈，使拳心轉向自己，拳和手臂形如鈎狀。隨著轉體、出拳，身體重心移至右腳上，上體略向前傾；同時，右臂屈肘，右拳收至下頜處，保護面部和肋部（圖20、21）。

擊打目標：

鈎拳的擊打目標，主要是對方頭部的兩側要害部位，包括太陽穴、頸勁脈處及腰肋或心窩等部位。

要領：

做近距離的鈎拳時，要求手肘與身體的夾角要小，肘不宜上翹，拳眼朝上，使拳面接觸目標。擊中目標的瞬間，要收腹含胸，閉氣。待動作熟練後，重心可以隨意移

動，進行不同距離和不同角度的鈎拳練習，如平鈎、下
壓、斜角式鈎拳等等。

圖 20　　　　　　　圖 21

右鈎拳因其擊打距離較遠，可以從各個角度擊打對
手。一般講，右鈎拳的手臂屈度較大，擊打的範圍也大，
運用時不像左鈎拳那樣受侷限。其發力的要求和左鈎拳基
本上相同。重心要移至左腳上，拳要握緊，擰腰轉肩催
力，力達於拳面擊打目標。

(4)上擊拳

上擊拳是一種近距離的進攻拳法，泰語原稱為「勿
萃」或「勿握」。而西洋拳擊則稱為「上擊」，這一詞的譯
音被引用於泰拳術語中，名「歐巴吉」。

這種自下而上的突然進攻拳法，專門擊打對方的頜部
或心窩等要害部位。使用正確，便可一擊就打倒對手，為
泰拳的凶險招法。但使用時，必須與對手貼近，且要俯身
出拳，因此也增加了自身的危險性。

動作方法：

由基本姿勢開始，用前移步向目標移動，身體向前側

傾，微偏右方；同時，右拳下降 5 至 8 公分，收拳貼近身體，然後再向上迅速出拳，由下向上成弧線擊打對方的下頜（圖 22、23）。

擊打目標：

上擊拳的擊打目標主要是下頜和心窩等要害部位。

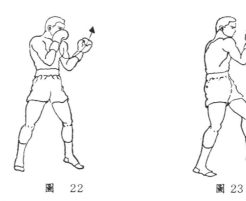

圖 22   圖 23

要領：

擊打時要突然迅猛。肘關節相對固定，撐腰轉髖，以增加衝擊力量，使上擊拳更爲有效。

左上擊拳的方法與右拳相同。唯出拳前要向左側傾斜。

上擊拳因其本身的危險性大，所以不宜濫用。在對手兩側防守嚴密，而中線空虛，或因體力不支時，最適宜使用上擊拳，且效果甚佳。

在泰拳的近身戰時，上擊拳又是險中求勝的招法。是抵消「箍頸衝膝」的有效打法。當對手箍頸施以膝法時，可用上擊拳猛力擊打其腰肋部位，出拳的節奏要快，密度要大，以挫敗對手的攻勢；同時要設法掙脫對手的牽制。

如果對手因中部受到重擊，造成軟弱無力時，便可立即用上擊拳直撞其心窩或下頜，就有可能獲得擊倒對手的效果。

(5)擺拳

擺拳是泰拳從西洋拳擊中借用過來的術語，。擺拳因其大弧線的運動路線，易被對手察覺，而易受到直擊拳法的阻擊，或用閃避防守避之；而且擺拳一旦落空，很容易造成身體的暴露。所以，許多泰拳高手都是十分慎用擺拳。通常只是在對手疲勞，動作遲鈍的情況下，採用擺拳重擊對手，使其喪失搏鬥能力。或是在交戰時，在對手沒有反應時，出其不意地用擺拳擊打對手。

動作方法：

由基本姿勢開始，身體右轉，左拳由左肩向右前方沿弧線擺出，出拳後左臂微屈，手腕內旋，用拳面或拳背擊打目標；同時，右臂做好防守姿勢（圖 24、25）。

擊打目標：

擺拳的擊打目標主要是太陽穴、頸部兩側或腹部。

圖　24　　　　　　　圖 25

要領：

使用擺拳時要撐腰合肩。在接觸目標的瞬間，肩、臂和腕關節突然緊張，力貫整個肩臂。完成動作後要迅速收拳。

在擊打對手的太陽穴時，爲了迷惑對手，出拳前身體要稍下降，重心移至後腳上，然後突然向前衝刺或前躍進行擊打。

右擺拳的動作方法和要求與左擺拳相同，唯方向相反。右擺拳時，要利用後腿的蹬地，借助撐腰轉體的爆發力，帶動右臂的揮擺；隨著出拳使身體重心移至前腳，以加大擺動速度和出拳力量。

2.其它拳法

泰拳是一種可自由發揮的搏擊術，拳手常常可以隨機應變，使用各種非正規的拳法。因此，除了基本的直擊、鈎擊、上擊和擺擊這四種拳法外，尚有許多特殊的拳法，以利在實戰中配合使用。

技藝精湛，經驗老練的技術型拳手，都有許多拳法。它們往往使對手茫然失措，取得出其不意的效果。但拳藝不精或防守不嚴的拳手，則不宜採用。特殊的拳法較多見的有如下諸種。

(1)撐拳

撐拳多用以先鋒拳撩逼或撐拒對方，隨後用後手拳猛擊其要害。是一種挑釁、干擾兼防守的拳法（圖26）。

(2)掩手

掩手常常用來掩壓對手的面部，遮掩其視線，堵閉其嘴鼻造成呼吸困難。這種拳法在近身格鬥時比較有用，是

賴以脫身的手段。掩手也稱「拴鼻拳」（圖27）。

　⑶摑拳

　　摑拳實際是一種拳掌共用的手法，即手由外向內拍擊

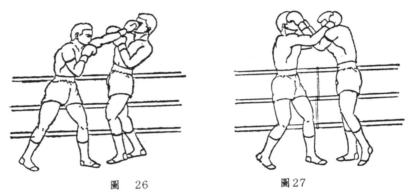

圖　26　　　　　　　　　圖27

，力點在掌根。當對手快速逼近，已經難以出拳時，可側
身迎上，用掌根連續摑打其面部。摑拳雖然力度不大，但
如果動作快速，也可以使對手頭昏目眩（圖28）。

　⑷回手拳

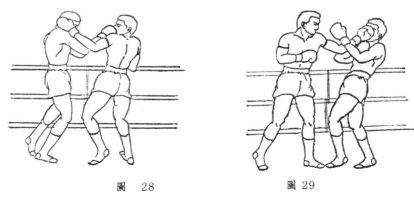

圖　28　　　　　　　　　圖29

回手拳是被西洋拳擊稱為「軸擊」的違例手法。其方

法是，當出拳落空後，對手逼近時，用落空的拳迅速反手回擊，借擰腰轉體的力量，用拳背或前臂彈擊對手的面部、頸側等要害部位（圖29）。

(5)**轉身擺拳**

轉身擺拳通常是在一拳擊空時，借助轉體的旋轉力量，用另一臂的拳背或前臂反掃對手的頭部（圖30）。

此法動作幅度大，運動路線長，力度很大。如動作做得突然隱蔽，常常令對手反應不及而被擊倒。但因其擺幅很大，又是背向，決不能隨意使用，如被對手抓住機會，施以反擊，後果是十分嚴重的。

圖　30

泰拳的拳法除上述諸種外，還有一些少見的兩拳同時擊打的方法，包括直衝、擺擊、上擊等。另外還有躍起前撲的攻擊拳法。總之，泰拳的拳法，都是根據實戰需要靈活多變，自由發揮，在準、猛、靈上下功夫。

3.連環拳法

泰拳在實際運用拳法時，往往是幾拳連發，形成各種連環打法。下面是幾種常見的連環拳法。

(1)**1—2連擊法**

這是泰拳中最基本的連續拳法，一般是先打先鋒拳，隨之出後手拳。以直擊爲多，威力很大。

(2)**後手拳連擊法**

此法與1—2連擊相似，只是用先鋒拳作撐拒或干

擾，用後手拳連擊對手的空虛部位，可用直拳、鈎拳或上
擊拳。

(3)**連續直擊法**

此法是左右拳連續作直線的強攻，每次出拳少者兩
拳，多者可達十幾拳。如果戰術運用得好，效果很佳。

(4)**組合拳法**

組合拳是由數個不同的拳法組成。因其方法多變，在
實戰中應用最廣，效果也最好。如 1 — 2 連擊接左鈎拳，
連環鈎拳接上擊拳，左引拳接左鈎拳等等。組合拳快速密
集，常使對手難以招架。

(四) 腿法

泰拳以其腿法馳名天下，泰拳手無一不精於腿法。腿
法成為泰拳最主要的攻擊手段。論及泰拳，可謂無人不知
其腿法的快捷凶狠。

泰拳手重用腿法，其原因是腿比手長，且力度大，效
果好，經過嚴格的訓練，可以成為最佳的武器。在泰拳的
比賽中，拳手們常常表現出腿堅硬如鐵，柔軟像鞭，靈活
似手，令人嘆為觀止。這正是泰拳手刻苦磨練的結果。

昔日的泰拳手練腿常以香蕉樹為目標，圍繞樹幹一陣
猛踢。而今天泰拳訓練日趨科學化，以踢砂袋為主。幾乎
每天都要按規定進行踢擊砂袋的練習，長期不懈。

用腿技巧，貴在靈活，一招落空往往會使自己陷於險
境。因此，泰拳手發腿的同時，必須提臂舉拳保護自己的
頭部，以防被對手反擊造成傷害。拳語說「十腿九凶」，
即腳若被抄抱，便會陷於險境。然而在實際格鬥中並非如

此，泰拳手平日所死練活用的制腿法不下十招八式，但在擂台上想要抄抱對手的踢腿，都是十分困難的。精於腿法的拳手用腿時，常常眞眞假假，虛虛實實，時左時右，忽高忽低，一橫一直。更有用先鋒腿誘敵抄抱，使其暴露頭部等要害，而後迅速前傾，用右直拳或右飛膝擊打對方的面部。再者，泰拳手的腿大都沈重有力，大有「無堅不摧」之勢，因此即使對手硬性格擋，也往往會使手臂震痛或造成損傷。如「腳王」亞披勒，就曾以其奇重的左腳將著名拳手頌蓬的手臂踢斷。

　　泰拳的腿法刁鑽凶險，變化多端，內容非常豐富，但其基本腿法可分爲兩大類：①踢技，泰語音「笛」。②蹬技，泰語音「貼」。

　　泰拳用腿的原理是，用先鋒腿施以探擾或阻截對方的蹬技作爲前奏；用後方腿按弧形路線迅猛掃踢對手的要害。因此「蹬擊」和「掃踢」兩類腿法，經過長期的擂台實踐，便成爲泰拳中最基本的腿法，應用很廣。

1. 踢腿

　　踢腿即橫掃腿，是一種弧形運動路線的腿法。出腿角度較小，基本上是 45°角斜線出擊。但實戰情況是多變的，需要因時制宜，隨機變化角度，如用橫砸，甚至由上向下劈砸。

　　在泰拳史上，以踢法稱霸拳壇的，近代有塞猜，猍猜，亞披勒。三人的腿法各有千秋，塞猜的踢法節奏好，猍猜的踢法力度大，亞披勒的踢法則凶狠，冠絕一時。

　　踢腿按其攻擊目標可分爲 3 種。①高踢法：攻擊對方的頸部、耳根、太陽穴和面部。被擊中者多立即昏倒，甚

至喪命。②中踢法：攻擊對方的腰肋、胃腹和腎臟。中腿者會有五臟翻滾的感覺，傷者當場會吐血昏死。③下踢法：攻擊對方的下盤，破壞其平衡，阻止攻勢或使對手因腿部受擊而肌肉痙攣，失去戰鬥力。

踢腿的接觸部位，為腳背至脛部之間的部分（俗稱毛脛），而不用腳趾。因為腿擊力量比拳的力量要重得多，如以足趾為力點接觸目標，當遇到對手用肘膝破腿時，極易被傷。而用腳背和脛部為接觸點，不僅能發揮擊打的威力，又能避免受傷。

因踢腿（橫掃腿）力度大，又可連續不斷地出腿。動作的收效，力度的大小，身體的平衡都較易控制。所以，它最適合擂台格鬥的需要，使用率也最高。

⑴**高踢**

高踢法是泰拳中極具威力的一種腿法，精於高腿技法的拳手常用腳背或脛部掃踢對手的頭部或頸部（圖 31）。對方稍有不慎便會受擊而昏倒，具有立竿見影的神效。在泰拳擂台上這種情形是屢見不鮮的。

圖　31

由於高踢的威脅極大，故此拳手對此招的防範也甚為嚴密，想要一下得手，並非易事。因此，需配合戰術計謀才能奏效。通常採用的戰術方法有以下幾種：

①突襲。在迎阻對方進攻時，看準對方的上路破綻，

突然發出高腿掃踢，甚至騰空掃腿，可收到先聲奪人的效果。

②強攻。先向對手的格擋手臂猛踢，使其手臂肌肉因疼痛或受傷而抬不起手來，繼而用高腿掃踢對手的頭頸部位。

③虛實。先用低掃腿掃擊對手的下盤，引對手用兩拳下降來迎格掃腿，而疏忽了上面的防守時，突然施以高踢掃擊。

④連擊。先用組合拳連續擊打，引對手的兩拳前移防守後，迅速發腿高掃，踢擊太陽穴或頸動脈處。

上述幾種戰術的目的，都是要設法引開對手的上路防衛，露出空位，而乘機攻擊。

在泰拳史上，各個時期都有擅長高腿而稱雄拳壇的。以高踢獲勝的著名戰例如下：1921 年，中泰拳師北武，乃央在第一局就以左腿高踢，踢暈中國拳師。1955 年，中量級冠軍巴育遭對手柿華的左腿踢倒而敗北。1972 年，日本美裔踢拳道高手雷蒙．艾特拉在第四局中被泰將嵩杰的左腿踢中頸部而昏倒。1977 年，日本踢拳王猜狩征泰，與泰將乃佛決戰，第一局就被乃佛的左腿擊中而遭慘敗。

(2) 中踢

即攻擊身體中部的橫掃腿。多在對手出拳或擊

圖　32

空時，乘虛而入，踢其腰肋（圖32）。中踢的威力，來自擰腰轉身，使腿隨轉體之勢，迅速出擊，傾力衝向目標，集身體的全部力量於打點上。

運用重踢對方中部，使其跌倒的實例很多。出色的有以下幾例：①威拉塞踢倒鄔沙曼，是趁對手發右拳之際，出左腿踢其肋側而成功的。②亞披勒用連環左飛踢，擊倒名將黎威及蒙沙旺，其擊打的目標是胃腹和心窩處。③巧碰踢倒奮特，是用連環右腿踢中對手的肋部而將其擊倒。

(3)低踢

低踢即下盤掃踢法（圖33），俗稱「掃堂腿」。根據攻擊部位，有「內側」、「外側」之分。低踢的目的在於打擊對手的腿部肌肉，乃至關節要害等處。肌肉遭受連續的擊打，易造成疼痛或痙攣，從而因兩腿發軟而失去格鬥能力。

運用低掃腿，還可以破解對手的腿法，破壞其身體平衡，牽制其步法，使其的腿法大失水準，而失去用腿的信心。

下盤的掃踢法，因實戰的情況不同，其擊打目標也不同。常見的有以下幾種形式：

圖 33

①掃擊對手前腳的內、外側。

②掃擊對手後腳的內、外側。

③掃擊對手大腿的內側。

④掃擊對手大腿的後側。

⑤在對手踢腿時，切進掃擊其支撐腿。

⑥在對手踢腿落空下落時，掃擊其下落腿。

低掃腿的使用技巧，主要是要掃擊對手的重心腳（支撐腿），使其失去平衡。

擅長低掃腿的拳手，常先用手法虛晃對手的面部，分散其注意力後，再低掃對手的下盤，使其上下不能兼顧。這類手法有虛拳、按掌、推阻等等。另外也有拳手採用集中力量攻擊，連續掃擊對手的脛部，直至對手因腿力不支而影響技術的發揮。

用低掃腿獲勝的戰例，最著名的是前泰拳王亞披勒和猍猜的比賽。亞披勒在勝券在握的情況下，被猍猜一記低掃踢中左腿，膝關節受傷而喪失戰鬥力，前功盡棄，飲恨擂台。

⑷踢腿的練習方法

①以左腿為例。面對砂袋，保持一臂的距離，做好基本姿勢（圖34）。②右腳向前移步，重心移至右腳，左腳蓄勁由屈到伸向砂袋作弧線掃踢，在左腿接近目標時，小

圖 34　　　　　圖 35

腿加速發力，衝擊砂袋。同時，右腳隨身體右轉而迅速向

右碾轉。右臂屈肘，右拳護於頭部（圖35）。

　　要點：①出腿前，要含胸收腹，不可僵直或下俯。掃腿時，要以右腳和身體的擰轉，配合左腿的發力，力點準確。②踢中目標後借反彈的力量將腿收回，保持基本姿勢。

　　右腿掃踢的方法和要求與左腿基本相同，但右腿在後，其運動路線比左腿長，因此更易加速發力。練習時只要左腳外展、身體左轉，即可發腿掃擊（圖36）。

圖　36

　2.蹬腿

　　蹬腿是泰拳的主要腿法之一。泰語稱之爲「貼」，是一種直線的蹬擊腿法。

　　蹬腿的用途十分廣泛，可攻可守，可上可下。全面施展，非常靈活。且方法很多，可根據不同的場合，採用不同形式和戰術的蹬腿。在戰術運用上，以攻擊對手的中部最爲有效，不僅可以阻止對方的強攻，而且可以消弱對手的攻擊力。爲此泰拳手常以蹬腿來破解各種拳法、踢法和膝法，破壞對方的進攻，然後伺機反擊，爭取主動。

　　蹬腿的方法：

圖　37

　　支撐腿站立，另一腿提膝然後由屈到伸向前蹬擊。左蹬腿時，身體略右轉送髖；右蹬腿時，則相反（圖37）。

　　蹬腿的使用部位通常有，腳尖（點喙），腳掌（推撐），腳底（踩踏）和腳跟（蹬踹）。

　　擊打的目標：主要是面部、喉部、胸腹、大腿內側和膝關節等部位。

　　蹬腿的基本要點是步活、身穩、發力迅猛，兩手護身。在練習時，先以腰高水平為準，開合收放靈活自然。待熟練掌握後，再做下路或上路的蹬腿練習。

　　蹬腿的形式，最基本的有探蹬、阻蹬、側踹、反蹬等。

⑴**探蹬**

　　探蹬是格鬥時先用腳尖蹬踏以作試探，是發動攻擊的前奏和誘敵的方法（圖38）。例如：用腳尖或腳掌蹬踹對手的小腹、腿根或脛部，測其反應，試探其意圖，然後發動攻擊。也可用腳的內側或外緣踩膝。

　　在上路的探蹬中，最有名的一招是「踏面」。在對手衝近欲發動攻擊時，看準時機，提腿用腳底直蹬對方的面部。這不僅可以阻止對手的攻勢，更主要的是「踏面」具有

圖　38

一種「挑釁」和「侮辱」的作用。當一名拳手被對方的腳底抹面，會有一種難以忍受的「羞辱感」，而被激怒失去

理智，從而不能保持清醒的頭腦，必定方寸大亂。此時，正是乘機進攻的好時機。探蹬雖然威力不大，但它具有戰略意義，運用得當，可以收到事半功倍的效果。

(2)阻蹬

阻蹬是阻截對手進攻的一種蹬腿法（圖39）。當遇對方企圖近身用拳膝進攻時，可舉腿蹬踹其胸腹或肋部。當對方欲用腿法時，在其尚未起腿前，搶先用蹬腿踹其腿根或腰部，使其完不成動作而失去平衡，甚至跌倒。

圖　39

使用阻蹬，要求眼捷腿快，以快打慢，同時，擊打的目標要準確，封阻對方的進攻。

(3)封蹬

封蹬純屬防守性的蹬腿法，多在近距離纏打時，用腳底蹬撐對手的腹胃，而拉開雙方的距離，也可在對方近距離用膝攻時，提腿用腳底蹬踏對手的腰部或腿根，而破解膝擊（圖40）。

(4)反蹬

反蹬是在對手舉腿高掃時，迅速近身切入，用腳底蹬其大腿內側、膝關節或直接蹬踏面部的一種蹬腿法（圖41）。

反蹬可謂是以直打橫、以腿破腿的招法。使用時，要快速有力，待對手施以高掃時，即拆即蹬。

圖 40

圖 41

(5)猛蹬（側踹）

猛蹬是全力蹬擊對手的蹬腿法。使用時，身體略側轉，充分送髖，發力迅猛。其攻擊目標通常是心窩、胸部。擊打目標時，常伴有腿內旋的動作，使腳掌橫向（圖42）。

猛蹬腿運用嫻熟，常

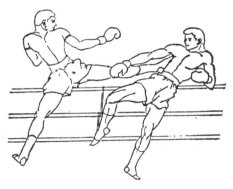

圖 42

常可以將對手踹倒，力度很大。但要注意完成動作後要立即回收，以免被對手抄抱或伺機反擊。

(6)衝蹬

衝蹬是運用步法縱身前躍，在空中舉腿猛蹬對手胸腹的一種騰空蹬腿法（圖43）。

圖 43

　　衝蹬因其動作幅度大，運動路線長，前衝力量極大。對方如猝防不及，必被擊倒無疑。

　　在泰拳中擅用衝蹬的拳手，常常凌空而起雙腳齊發或連環蹬踹，攻擊對方的腹部。但運用時，必須掌握時機和分辨對手的情況。對於經驗豐富的拳手，此招收效不大，常被對方閃過而反遭回擊。

　　衝蹬時，要求在空中保持身體的平衡，落地站穩。在蹬空後一定要根據對手的閃躲方向，落地後立即繼續出腿進攻或做好防守的準備。

　　(7)蹬腿的練習方法

　　以左腿為例。①面對砂袋，保持一臂的距離，做好基本姿勢（圖44），②右腿支撐，左腿屈膝上提，膝高貼身體或肩胸，然後由屈到伸用腳底蹬擊目標。同時，撑腰送髖，右腳掌向外碾轉；兩拳做好防守姿勢（圖45）。

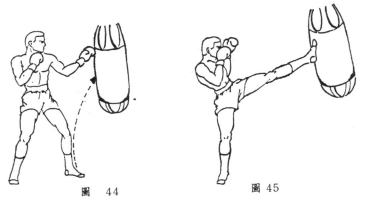

圖　44　　　　　　　　圖45

要點：

　　①提腿的高度要根據目標的距離而定，作遠距離蹬腿時，要撑腰側身送髖。

②擊中目標後要立即收回。初習時，可先提膝而後蹬伸。待熟練後，提膝和蹬伸要連貫一致，一氣呵成，迅猛有力。

3.其它腿法

泰拳在用腿的方法上，可謂多姿多彩，花樣繁多。除上述「踢腿」和「蹬腿」外，還有許多奇異腿法。這是泰拳手們在長期的擂台生涯中創造並經過不斷的提煉所形成的。它們各具特色，實用有效。

⑴飛踢

飛踢是單腿的連續掃踢法。即一腿橫掃踢擊目標後，一落地再騰空起腳掃踢，連續數腿不停，集中攻擊對手身的左側、右側或頭部側面（圖46、47、48、49）。

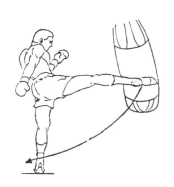

圖　46　　　　　　　圖 47

⑵連環踢

連環踢腿是在基本踢腿的基礎上，兩腿作左右開弓式的輪流踢擊。此起彼落，密集如雨，攻勢凌厲（圖50、51）。

⑶雙層踢

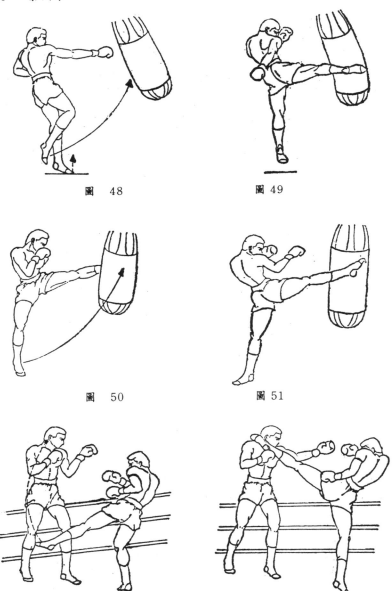

圖　48

圖　49

圖　50

圖　51

圖　52

圖　53

　　雙層踢腿是發腿先低掃對方的腿部或膝蓋，待其腿回撤的瞬間，迅速提膝高掃，踢擊對方的耳根或太陽穴（圖52、53）。

　　這種腿法要求很高，不僅要掌握出腿的時機，而且要保持身體的平衡。同時還要有良好的柔韌性。

　　⑷轉身踢

　　轉身踢是一種輔助和補救的腿法，用於掃踢落空後，立即補踢一腿，以防對手的反擊。

　　其方法是：當一腿掃踢落空時，順勢轉體一周後，原掃踢的腿再次踢擊，攻擊或阻截對手（圖54、55、56）。由於身體需作360度的旋轉，因此必須保持身體的平衡，支撐腿要穩固。這種踢法技術要求頗高。但運用得當，可產生意想不到的效果。

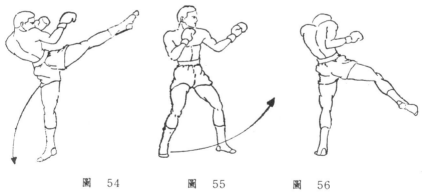

圖　54　　　　圖　55　　　　圖　56

　　⑸彈踢

　　彈踢腿即側彈腿。其方法是一腿支撐，一腿屈膝高抬停於空中，伺機以小腿發力，用脛部或腳背彈擊對方的頭部（圖57、58）。

運用此法，要有良好的身體控制能力，保持穩固的支撐，發力短促快速，令對手防不勝防。

一些擅用彈腿的拳手，不但直接彈擊對手的頭部，而且可以先彈擊對方的護頭雙拳，使其暴露頭部，然後再彈擊頭部。或彈擊下砸對方的頸部使其前傾，再乘機施以拳法。

圖　57

圖　58

(6)直戳踢

直戳踢即正踢腿。其方法是直腿由下向上揚踢，用腳跟踢擊對方的下頜或面部。是一種上下直線的踢法，動作隱蔽，勁力剛猛（圖59）。

圖　59

直戳踢常常用於因對手兩側防守嚴密而無從下手時，腿從中線直接踢擊，令對手措手不及。

(7)逆踢

逆踢是由內向外的反擺彈踢法，近似外擺腿（又稱外佛腿）。其方法是，用腳外緣或腳掌擺擊對方的中部或上部目標，如面部、胃腹、腰肋等部位（圖60）。

其運用的訣竅在於出奇不意改變運動方向。如在做前蹬時，因對方已有防範而中途突然變向，使腳在空中劃一半月形，從側面彈擊對方的面部。

另一種做法是，當用腿掃踢對方腿部落空後，對方又欲迫近時，立即高抬腿反彈對方的面部，對方往往因無防備而受創。

⑻雙飛踢

圖　60

雙飛踢是先用一腿踢或踹對方，可虛可實，然後，另一腿瞄準目標，立即騰空躍起掃擊對手的頭部（圖61、62）。

圖　61

圖　62

雙飛踢通常是用踹腿誘敵，使其雙拳前移防守，而兩

側空虛，乘機躍身高掃對方的太陽穴。

　　練習這種腿法時，應先做騰空高掃的空腿練習，待其動作協調，重心穩定，身體平衡控制好後，再做踢砂袋的練習。方法是，用先鋒腿蹬踏砂袋，在腳底接觸砂袋的瞬間，借蹬踏的力量，騰空躍起，擰腰轉體，用另一腿向砂袋橫掃。

　　⑼踢蹬腿

　　踢蹬腿顧名思義是踢和蹬的混合腿法。通常在踢腿時，遇對手後閃防守時，立即將腿的運動路線由弧線變為直線，成向前的蹬腿，攻擊對方的面部或胸腹（圖63）。

　　使用這種變向的腿

圖　63

法，一定要保持重心的穩固，通過擰腰送胯，力達於腳底。

　　⑽後蹬

　　後蹬即泰拳腿法中所謂的「鱷魚擺尾」，是昔日泰拳的著名腿法。它與轉身反擊肘同屬難度較高的技術。

　　所謂「鱷魚擺尾」是取義於鱷魚的凶殘毒辣。尤其是鱷魚尾部的掃擺，異常威猛，若如千斤重錘，威力無窮。

　　「鱷魚擺尾」的做法依據不同的情況，有好幾種，但其最基本的技術有兩種：①轉身背向或側向對手，一腿支撐，另一腿屈膝橫抬，然後弧形後擺，蹬擊對方（圖64、65）。②轉身背向，一腿支撐，另一腿屈膝上提，然後由

屈到伸後蹬對方（圖66、67）。

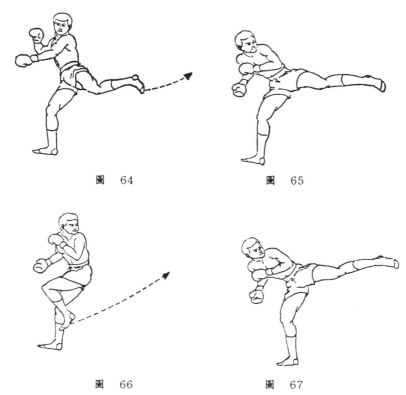

圖　64　　　　　　　　　　　圖　65

圖　66　　　　　　　　　　　圖　67

　　後蹬一般是用腳跟或跟骨擊打對手。其要點是：轉身
擰腰，提腿蹬擺要一氣呵成，力點準確，同時，保持身體
的平衡。

　　後蹬腿的使用，一般有兩種情況：①在對手沒有防備
的情況下，突然轉身出腿擊打。出其不意，令其措手不
及。②在用踢或蹬時，因對方閃躲落空後，借勢轉身，迅
速用另一腿後蹬對手。

「鱷魚擺尾」，動作極具美感且威力不小，是泰拳腿擊的藝術象徵。然而今日的泰拳手更注重體能和簡練實用的技術，像「鱷魚擺尾」這種技術要求較高的腿法在擂台上已屬罕見。

後蹬腿的練習方法如下：

①空腿練習：先在原地，一腿支撐，另一腿屈膝橫抬，高與腰平，然後撐腰出腿後蹬。左右腿交替練習。待熟練後，再配合轉身，做轉身的後蹬練習。如左腳上步，同時轉身，右腿後蹬。

②砂袋練習：砂袋練習同樣遵循練空腿的程序，先進行原地的後蹬砂袋練習。等熟練後，可使砂袋擺動，然後伺機轉身出腿後蹬。砂袋練習要注意距離和出腿的時機，動作正確，發力完整。

㈤　膝撞法

膝撞是泰拳的基本技法之一，泰語稱之為「求」。因膝關節的特殊結構，在其擊打時，具有極大的傷害力，適用於近距離的格鬥。不論進攻、防守或反擊，都具有很高的使用價值和效能。

在泰拳史上，以膝技高超而聞名拳壇的高手彼彼皆是。其中以 30 年代乃汪，綽號「膝虎」的膝招最為毒辣。50 年代的清邁府拳師實攣，則以「彎膝」稱絕。以後的拳師以「奔雷膝」陌喃的膝招最為凶猛；「璇冠拳王」阿侖的膝法最為優美。而近年來，泰拳王狄西蓮，以其強勁的膝擊，而獲「通天膝」的美稱。近十年來泰拳手在各種國際性的搏擊比賽中，屢戰屢勝的主要原因之一，就是充分

發揮了膝擊技術。泰拳界云：「吾輩棲身武壇凡廿載，未曾見有用膝機會時而捨膝用拳者。」由此可見泰拳手對膝技的重視程度。

用膝之道貴於簡練實用，把握時機。除了腰腿的力量以外，還需手法的輔助，膝擊才能奏效。

泰拳的膝擊從形式可分單膝和雙膝兩種。從方法上分，則有衝膝、彎膝、扎膝、穿膝和飛膝。膝擊的運用十分廣泛，中距離可進步衝膝，主動進攻。近距離纏抱時可採用「箍頸膝撞」；也可用膝防守阻擊，如「以膝應衝」，等等。

1.衝膝

衝膝是膝法中最基本的一種，且應用最廣。一般包括提膝向上直衝，向前衝撞或斜線衝擊等衝膝法。拳手們通常是在近距離的糾纏或抱摔時，用衝膝撞擊對手的肋部（圖68）、腹部或腿肌。

近距離衝膝最為厲害的一招是「箍頸撞膝」。當雙方纏抱時，拳手用雙手扣住對方的頸部下壓，同時，用膝向上衝撞，直擊面部。若被擊中，頓時滿臉掛彩，頭昏眼花而當場昏倒在地，傷害力極大。「箍頸撞膝」的另一種擊法，則是雙手扣住對手的頸部後左右旋擺，使對手失去重心不能施招反擊，處於被動挨打的地位，而後順利施展膝擊。扣頸的手上動作，原則上要求把對手的頸部拉向衝膝的一邊。如作右膝45度衝撞對方的左肋時，兩手應把對方的身體重心拉向自己的右側（圖69）；若用左膝衝撞則反之。而手和衝膝的動作要協同用力，以增加撞擊力。

在中距離的格鬥時，也可用雙拳開路或作掩護，加以

步法的配合，從各個角度用膝衝撞對手的各個部位，或在行進中連環撞擊對方的腰腹部位。對手連續受擊後，必定大傷元氣，頓顯敗象，手腳軟弱而無力抵抗。

在防守上，衝膝同樣具有很高的實用價值。如用「提膝破腿」就是利用膝關節的硬度，以剛制剛，拆解對方的踢擊，而不需要調動上肢來防衛。再如「以膝應衝」一招也頗為簡練實用，可謂是以逸待勞的妙招：當對手蓄力欲衝頂時，迅速以短線的直擊衝膝，撞擊對手的內胯，用兩者的合力作用，使對手重創。此法的技巧性很強。以快打慢，以攻對攻，正是泰拳技法的精髓所在。

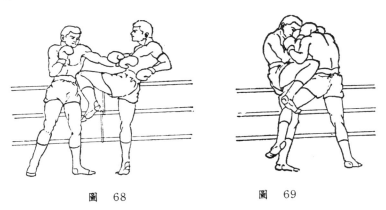

圖　68　　　　　圖　69

衝膝的練習方法：

(1)原地的衝膝練習：一腿支撐，另一腿屈膝前撞。發力時挺胯前送，雙手前提，做好防守姿勢。練習時，可以左右膝交替進行。

(2)活步的衝膝練習：待原地衝膝練習熟練後，可作四周活步移動練習，使衝膝與步法密切配合。如上右步衝左膝；或探左腳撞右膝等等。

(3)砂袋練習：

①面對砂袋，保持一臂距離，兩眼注視目標，做好基本姿勢（圖70）。

②進步側身逼近砂袋，兩臂前伸，兩手夾緊砂袋，將其擺動至身體右側（圖71）。

③所體微左傾，左腳腳跟提起，腳前掌碾地外轉；同時，提右膝衝撞砂袋左側與身體肋部相同高度的位置（圖72）。

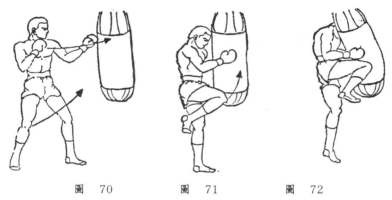

圖　70　　　　圖　71　　　　圖　72

④右腳下落後，重心移至右腳，立即將砂袋擺向左側，用左膝衝撞。這樣左右膝交替練習。

要領：①衝膝要連續不斷地進行。以適應實戰的需要。②兩手擺動砂袋要有力，與擰腰衝膝的動作相互配合，形成合力，將整個身體的力量作用於砂袋上。③衝膝時，頭要向外擰轉，下頜緊貼肩胸，同時擰腰收腹，充分利用腰腹的力量。如用右膝時，雙手夾緊砂袋右擺，頭向左擰轉。

2.彎膝

彎膝又名側膝，是泰拳獨特的膝法，動作非常優美。彎膝的運動軌跡與一般的衝膝不同，它不是做直線或斜線的衝撞，而是從體側提膝高抬然後突然攻擊對手的肋部或高拋攻擊對手的太陽穴、下頦側面等要害部位（圖 73）。

彎膝的難度很大，它要求髖關節有很好的柔韌性。發勁和力點較難掌握，尤其是攻擊上路的彎膝，必須經過苦練加巧練，才能掌握技術和使用的時機，以及身體的控制。

彎膝的要點是，屈膝收於身體側後，然後從體側弧形上擺，通過提踵、提臀、擺腿發勁，撞擊目標。雙手可以環抱對手的腰部，側身揚膝攻擊頭部，也可用先鋒手按其頸部回拉，提膝攻擊。使用彎膝的最佳時機是，對方

圖　73

雙拳緊護胸腹，直衝膝法無從下手時，立即改用彎膝，從側面攻擊其腰背或頭部，效果很好。

彎膝的練習方法：

⑴先做空招的左右擰擺的側提膝，膝關節盡量高抬。熟練以後再做砂袋練習。

⑵砂袋練習：①面對砂袋，保持一定的距離，眼視目標，做好基本姿勢（圖74）。②引身逼近砂袋，伸左手至砂包後方，隨即屈臂把砂袋拉向右方，同時右腿屈膝蓄勁

微提於身體後側（圖 75）。③上體左傾，配合擰腰提旋，拋出右彎膝，當接近目標時，快速提臀和上提小腿，使右膝加速撞擊目標。同時，隨腰臀的旋提，支撐腳碾地提踵（圖 76）。

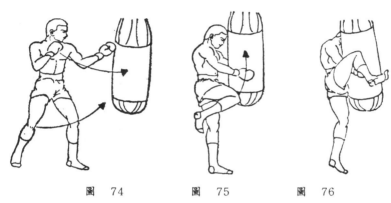

圖　74　　　　　圖　75　　　　　圖　76

要點：

①使用彎膝上擊時，身體的側倒和臀部的旋提必須協調一致，才能使膝部高抬。雙臂需環抱砂袋，作為平衡與防守的輔助動作。

②練習時，可把彎膝和衝膝混合運用，這樣橫直交錯，利於實戰。

3. 扎膝

扎膝即頂膝，是一種貼身膝法。在雙方互相纏抱，直衝膝和彎膝都無法施展時，便可提膝用膝尖直撞對

圖　77

方的大腿內側肌肉或腿根部（圖77）。既可有效地保護自己，又可消弱對方的攻擊力。使用扎膝，必須動作隱蔽迅猛，把握時機，以快打慢。

泰拳史上，以精湛的扎膝技藝而聞名的是60年代的拳師威悍，他因此絕技而獲「扎膝王」的綽號。

4.穿膝

穿膝屬連防帶打的膝法，它與一般的提膝擋架防守不

同。通常用以阻擋掃腿的提膝，大都是屬被動防守，如對手施以左踢腿，用提右膝架擋，若施以右掃腿則以提左膝阻截。而穿膝則是，當對方揮腿掃踢時，身體迫近對手，提膝用膝尖直撞對方的腿根或內胯。如果擊中，不僅可以阻止對手的腿擊，而且可使其失去重心，或因

圖　78

大腿的股動脈受擊而喪失戰鬥力（圖78）。

使用穿膝，方法一定要正確，如對方使用左踢時，必須發左膝衝頂其左腿的大腿內側。如對手用右腿時，則用右膝衝頂。另外，使用的時機非常重要，抓住機會要迅速準確施發，以攻防攻。

5.飛膝

飛膝是所有膝法中唯一適用於遠距離攻擊的膝法。飛膝是利用身體騰空飛行的衝擊力和其自身的體重一起作用於對方，產生極大的衝撞力量，可以一下將對手擊倒。飛

膝的攻擊目標，以心窩、下
頜、面部和胸部為主。通常拳
手在格鬥時，可以騰空飛行，
用飛膝撞對手，如能擊中上述
的擊打目標，便可創敵於瞬間
（圖 79）。

　　飛膝的應用，要有足夠的
彈跳力，掌握準確的時機和距
離，同時要有良好的身體控制
能力。最佳的使用時機是，當對

圖　79

手氣力不足，反應遲鈍，或倉促後退時，用飛膝擊打，效
果最好。

　　飛膝的運用形式，一般有單飛膝、雙飛膝和連環飛
膝。其中以連環飛膝最妙，其做法是先進步用左飛膝，身
體騰空躍起，在空中看準對手的空檔後，擰腰轉髖，再用
右飛膝撞擊對手要害。動作非常優美，且令對手難以招
架。

　　飛膝的練習方法：

　　⑴空膝練習：

　　運用步法，蹬地起跳，騰空前衝挺膝直撞。練右飛膝
時，左腳進步蹬地起跳（圖 80）；練左飛膝時則右腳進步
蹬地起跳。完成擊打後，落地要穩，做好基本姿勢。

　　⑵砂袋練習：①面對砂袋保持一定的距離，做好基本
姿勢（圖 81）。②兩手推動砂袋，使其後擺。在砂袋回擺
將至身前時，縱身前躍，用右飛膝，撞擊砂袋的中部（圖
82、83）。

圖　80

圖　81

圖　82

圖　83

要領：

①初練時，騰空不宜過高。待熟練掌握飛膝技、砂袋回擺的時間和擊打的力點後，漸漸提高騰空高度。實戰中拳手往往可以躍起 80 公分至 150 公分的高度。

②發膝時要撐腰收腹，身體不可後仰，保持身體的平衡。

③雙手保持護頭姿勢，腳落地後應立即做好基本姿勢。

擅用飛膝的拳師，40 年代有「黑袋鼠」尼空，50 年代有「醒獅」逸他耶。尼空的飛膝快而準確，擅於連環飛

膝，勢如流星閃電；而逸他耶則以異妙多變著稱，其膝法可謂疾如閃電，矯似遊龍。

　　最能證明飛膝威力的是，1983 年泰拳名將奮特在香港擊敗印尼拳師蘇柏若一戰。當時，泰拳手技高一籌，戰至第三局時，將對手逼困至繩角，使出雙飛膝，攻其面部和胸部。印尼拳師頓時跌倒昏厥。使在場的觀衆嘆爲觀止。

㈥　肘擊法

　　「肘」在泰語中稱爲「索」。肘法和膝法被泰拳界稱爲「短兵」。

　　肘法在泰拳的攻擊技法中，素以凶狠著稱。由於肘關節的特殊堅硬銳利的骨結構，因此最適合距離攻防格鬥。肘法動作短促，力度大，速度快，在近身實戰中常令對手防不勝防。泰拳以其精湛的膝肘技藝，獨領世界武壇的風騷，爲武林人士所稱道。

　　肘法不僅可以進攻傷人，而且在防守上也很有功效。如用以封拳，架踢，擋膝等都十分有效，是攻守兼備的技法。

　　肘法的攻打部位很廣，最主要的目標是眉角、前額、頭頂、鼻骨。其它如咽喉、下頜、耳後、腹腔神經叢、肋部、後心也都是肘擊的有效目標。有時，甚至可用肘撞擊對方的腿部、脛骨等部位，以達到防守的目的。

　　肘擊的特別價值，在於它可以在瞬間擊破對手的頭面，令其頭破血流，視線昏花，喪失繼續格鬥的能力。根據泰拳比賽的規則，一方因頭面受傷，流血過多，在場上

醫生診斷後，認為拳手不能繼續比賽，將被判為「技術擊倒」。因此，肘法還可作為一種戰術來運用。

泰拳的肘法很多，每個拳手在使用時各有特點，大多數拳手都擅用肘擊，且可以從任何位置、角度擊打對手。肘法是被泰拳界公認的難以防守的技法，為此，每個拳手都非常重視肘法的運用和防範。基本的肘法，可分為六種：即平肘、迫肘、砸肘、蓋肘、反肘和雙肘。

使用肘法最重要的是掌握距離，因肘擊的運動路線較短。如果不能近身掌握適當的距離，往往造成擊打落空或發揮不出作用。若用肘迎擊時，必須看準時機和距離，用肘尖迅速施以防守反擊。若用肘追打時，一定要有靈活的步法配合，迅速接近對手，在最適合的擊打距離上，施以肘法，可以獲得事半功倍的效果。

在泰拳史上，運用肘法一錘定音、反敗為勝的戰例很多。較具代表性的有：1970 年，黎威和前泰拳王「天將」狄立比賽。黎威占有優勢，但屢攻不下，直至戰到最後一局時，接近對手揮肘猛擊，一舉擊中其鼻梁。對手頓時血流如注，不得不中止比賽，判黎威以技術擊倒而獲勝。另一場肘擊戰例，是 1974 年「黃金腿」匹博蓮與「鐵錘拳」華獅一役。華獅占有體格上的優勢，匹博蓮屢中華獅的重拳，在四局中被擊倒兩次。當華獅企圖迅速制服對手的時候，匹博蓮臨危不懼，抓住機會，屈肘迅猛擊中了對方的下頜，將其擊倒，使其不能繼續比賽，反獲擊倒勝利。這場反敗為勝的戰例至今令人津津樂道。

肘擊的傷害力最嚴重的創傷記錄，是 1947 年一場入圍錦標賽中，名將沙匿以肘擊破對手挽宗的頭部，使其傷

口縫十八針之多，令人生畏。泰國人常用鑿、刀、斧等利器來形容肘擊的銳利。

1.平肘

平肘即橫擊肘，是肘法中最常用的。它是肘弧形擺擊的一種運動形式。

平肘在實際運用上，其運動路線和角度都可根據實戰要求而變化。除了其主要的形式，在水平線的橫肘擺擊外，還可從任何角度作斜線的平肘，使用時比較靈活多變。如「砍肘」也是平肘的一種，它便是一種直角下砍的打法。使用時，手肘自側面上提，肘尖高抬，手腕在下方，在接近目標時，向前下砍擊（圖84）。「砍肘」是泰拳手最擅用的肘法，且比較難防。另一種由「平肘」演化出來的是稱爲「短肘」的肘法。「短肘」其幅度不大，但它短促凌厲，最適合在近身互相纏抱時，迅速撤臂屈肘突然肘擊（圖85）。迅猛而突然，對手往往措手不及，是一種很有價值的肘法。

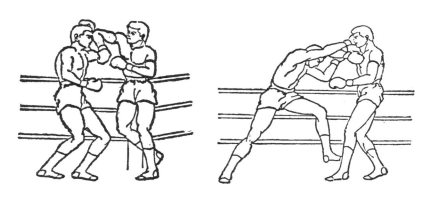

圖　84　　　　　　　　　圖　85

平肘應用的最佳時機，是遇對手習慣用幅度較大的右直拳或右擺拳擊打腹等身體中部時，即刻用右臂護身防守，同時用左平肘橫擊對手的面部，往往能一招建功，獲技術擊倒的勝利。另外，如遇對手雙拳防守位置較低時，也是用平肘的好時機。

運用平肘時，要注意步法和身法的配合。步要靈活，擊肘時要撐腰合肩，含胸收腹，發力短促完整。同時注意掌握好時機和距離。

平肘的練習方法：

⑴空肘練習

配合步法的移動，進行左右平肘的練習。要上下協調，發力完整，力點準確。練至熟練後可進行砂袋練習。

⑵砂袋練習：①面對砂袋，相距約一臂，做好基本姿勢（圖86）。②左腳向前上半步，同時，左臂屈肘提臂平擺至左肩側蓄勁；右拳置於胸前防守（圖87）。③重心移至左腳，身體迅速向右撐轉，右腳隨轉體向左後方移半步，腳尖外展；同時，左肘向砂袋的右前側橫擊，力達肘尖（圖88）。

要領：

①因左肘的運動距離很短，要一觸即發，必須要撐腰合肩，屈肘夾臂發力。步法、身法和肘法三者要協同一致，連貫合力，一氣呵成。

②擊中目標時，左拳的拳眼貼緊胸部。如要做較遠距離擊打時，右腳跟要提起，身體前側傾，以增加距離。

右平肘的練習，和左平肘的要求基本相同。但出肘時，右腳要向前移半步，重心移至左腳；同時，上體左轉，

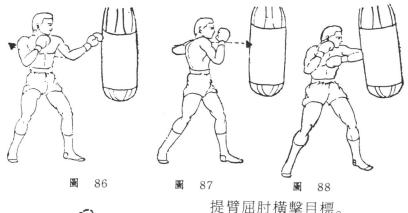

圖 86　　　圖 87　　　圖 88

提臂屈肘橫擊目標。

2.迫肘

迫肘即頂肘，主要用於阻截對手的連續進攻。是一種近身格鬥的肘法。

圖 89

迫肘的運用，通常從中路切入對手兩臂的防守區域，施以肘擊，達到創敵的目的（圖89）。拳手一般在以下兩種情況時採用迫肘。第一，當對手逼近使用拳腳時，迅速屈肘上提，兩腳向前行進，身體重心前移，利用整個身體力量，用肘尖撞擊對方的面部。發力短促，對方略有不慎便會被撞破面部。第二，當自己因氣力不足，疲憊不堪或遇被對手逼於繩角而被動挨打時，在提起兩拳緊護頭部、上體左右撐擺招架和削弱對手的攻擊力的同時，看準機會順勢用迫肘反擊對手。這樣既可防守，又可反擊，一舉兩得，且贏得了喘息的機會。

迫肘的練習方法：

⑴面對砂袋相距約一臂，做好基本姿勢（圖90）。

⑵推動砂袋，使其向後擺蕩；左腳略微回收；待砂袋回蕩時，左腳迅速上步，右腳跟提起前蹬，身體重心前移；同時，左臂屈肘上提，肘尖向砂袋正面衝撞，力達肘尖；右臂做好防守姿勢（圖91）。

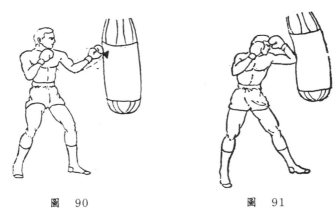

圖　90　　　　　　　圖　91

要領：

①迫肘的運動路線短而直，因此必須接近目標後才能發力頂撞。練習後，一定要待砂袋回蕩時撞擊目標，形成合力，增加撞擊力量。

②練習右迫肘時，因距離較遠，發力時需左腳向前半步，右腳隨之緊跟，同時，擰腰順肩，屈肘前頂。

③開始時，只做單式練習，待掌握技術後便可左右肘連續擊打砂袋。兩肘的連接要快速敏捷。

　3.砸肘

砸肘，又名重肘或刺肘，是泰拳中比較古老的肘法。

所謂砸肘，就是利用肘尖由上向下砸擊，殺傷力很大。下砸時，身體應先起後落，需以全身下壓沈勁，增加下砸的力量。

砸肘最好的使用時機是：

①當對手俯身或近身摟抱時，伸臂上提，然後屈肘下砸其肩胛骨、後背或頭部。另一手可同時按壓控制對手，使之處於被動的位置（圖92）。

②當對手用拳攻擊時，迅速側閃避之，乘勢在其後側用肘猛撞對方的背部，予以重創。這一招法俗稱「包肘」，即在貼身搏擊時，迅速回手屈肘，橫砸對方胸肋等要害。

③在阻截對手進攻時，凌空躍起，屈肘舉臂，然後下砸其頂或前額（圖93）。借身體下落之勢，威力極大。

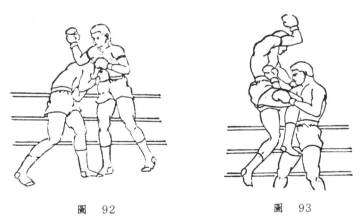

圖 92　　　　　　　　圖 93

以前泰拳手大都重視拳技的花樣與技巧，砸肘在歷史上倍受推崇。但隨著技術的發展，這類肘法已不大受重視，其原因是使用砸肘，需先上提肘臂，這難免暴露中部，容易遭對手使用拳腳頂預先截擊。

砸肘的練習方法：

①目視前方，做好基本姿勢（圖94）。

②身體略向左轉，右腳蹬地使身體重心上提，右腳跟隨轉體外旋，腳尖朝前，同時，右臂屈肘上提，肘與肩同高（圖95）。

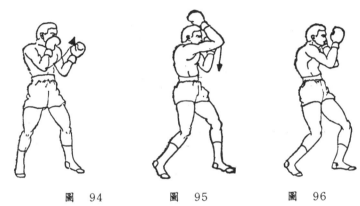

圖 94   圖 95   圖 96

③重心下降，含胸收腹，右肘猛力下砸，兩膝稍彎曲下沈，以助砸肘之勢。左拳保持防守姿勢（圖96）。

要領：

①因砸肘的運動路線是垂直線，故要多做空肘練習。而砂袋練習只是輔助手段。

②臂上提時，肩臂要先鬆弛。在砸肘時，突然重心下降，沈肩發力，身體微含。練習時，擰腰、轉足、提肘和沈肩、降體、砸肘要連貫一致，協調用力。

4.蓋肘

蓋肘原稱戴冠肘，是一種寓攻於守的肘法。運用十分廣泛，可抵消高腿的踢擊和阻截拳攻，很有實用價值。

　　蓋肘的做法，是屈肘由下向上直挑，同時，利用身體前趨的力量，配合肘尖向前挑頂，撞擊對方（圖97）。

　　使用蓋肘，最常見的情況是，當對方用右拳打來，立即貼近，用左肘前挑迎擊。同時，身體稍側轉以增加前趨的距離和力量，進行防守阻截。寓攻於守，效果很好。另外，蓋肘也可配合其它肘法使用，如左蓋肘連帶右平肘，擊打對手的鼻梁之間的部位。令人措手不及，防不勝防。

圖　97

5. 反肘

　　反肘也稱後肘，因其動作優美，技巧性高而倍受拳手們的喜愛。反肘有三種形式，一種是普通的反肘；另一種則是「直角反肘」。

　　普通的反肘做法是：屈肘提臂於胸前，然後隨身體擰轉，用肘尖向後頂撞對方的面部、下頜等（圖98）。

　　「直角反肘」的做法是：隨身體轉動時，屈肘高提過頭，然後由上向下，用肘尖下劈對方（圖99）。

　　反肘使用的訣竅是出奇制勝。當雙方格鬥時，看準時機突然轉身用肘撞擊，常使對手防範不及而中招受創。其最常見的用法：

　　①用於主動進攻：先用左引拳虛晃擾敵，然後突然進步轉身用後擊肘。或在揮拳擊打落空後，順勢轉身用反肘，撞擊對手。

　　②用於防守反擊：當對手撲近攻擊時，突然轉身反

肘，使用撞肘的力量迎撞對手的前衝力，產生極大的撞擊
力。效果很好，每中必傷。

圖 98　　　　　　　　　　圖 99

③用於防守解圍：當被對手從後面偷襲，摟抱箍頸
時，迅速屈肘於體前或將肘擺置肩前，然後向後猛力頂
撞，擊打對手的胃腹或肋部。也可採用向後抽擊破解對方
的摟抱，其方法是一腳向前移半步，上體微前俯，同時垂
臂屈肘，然後向後上方抽擊，用肘尖挑頂對手的下頜。使
用時，手臂需緊貼身體而向後上方提肘，並且要聳肩含
首，發力短促。

反肘的使用要求，最重要的是掌握時機和距離，迅速
轉身反擊肘，力點準確。同時，在轉身時要步法穩健，保
持身體的平衡。

反肘的練習方法：

①面對砂袋，相距約一臂長，做好基本姿勢（圖
100）。

②左腳向右前斜方上一步，重心隨之前移（圖 101）。

③左腳內扣碾轉，身體向右後方轉動，右腳隨身體向

左後方作弧線拖滑至兩腳與肩平行；同時，右肘借轉體向砂袋上側猛力砍撞，力達肘尖（圖102）。

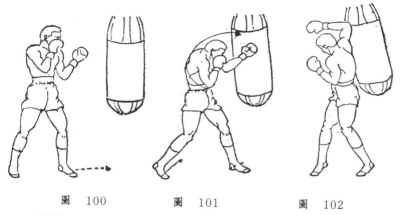

圖 100　　　圖 101　　　圖 102

要領：

①重心必須落在左腳，作為轉身的軸心，右腳要提腳跟順轉體而滑動，配合轉體。

②練習時，要注意另一手的防守姿勢。在擊肘時，應用先鋒拳引擊，或虛掩、格開對手的拳招，為反肘的擊打創造條件。

③反肘練習，開始可先做原地單式的練習，等熟練掌握技術後，可推動砂袋，待其回蕩時，看準時機用轉身反肘擊打。

泰拳史上以反肘技法聞名的首推「獨野牛」乃蓬。他屢以反肘出奇不意地擊敗對手，在1948年「四主將」的入圍拳賽中，與名拳手速柿對陣，在第一局飛踢落空後，誘敵從背後前撲，突然轉身反肘衝頂，使速柿冷不防被擊中而倒地敗北。

　　另一位是被稱爲直角反肘專家的「浪子」素里耶。他所擅長的反肘，是在對手用低腿掃膝時，迅速轉身切進背向對手，屈肘高抬，用反肘直劈對方的面部。快如流星，急如閃電，有迅雷不及掩耳之勢。如此精妙的反肘在現在泰拳比賽中已難得見到了。其原因是，反肘施用時需要轉身，且時機和距離都不易掌握，而對方如有防備，只需提高雙臂招架即可化解，而自己卻很有可能陷入險境，得不償失。因此在沒有把握時，拳手一般多用反肘。

　　多年前，曼谷的叻喃隆拳場爲了鼓勵拳手使用反肘技術，特規定凡能運用反肘擊倒獲勝的，可獲一定的賞金。可見泰拳界對反肘技術的重視。

6. 雙肘

　　雙肘是使用兩肘同時擊打對手的肘法。通常是在貼身纏抱時，用雙肘並擊下砸對手的頭部（圖 103）或肩部。或被對手從背後摟抱時，用雙肘向後衝頂對手的腰肋。雙肘也可作爲截擊防守的方法，用兩肘撞擊對手阻截進攻。

圖　103

　　雙肘的技術要求和單肘技法基本相同，但它要求兩臂堅固，配合腰肩的發力，短促完整。

三、泰拳的進攻、
防守和反擊技術

㈠　進攻技術

泰拳以其拳腳簡練實效而著稱。無論是拳、腿、肘、膝任何技術均注重簡單實用，進攻時講求發揮最大威力，防守時追求嚴絲無縫。

從格鬥角度來講，最理想的進攻效果，當然是速戰速決，擊倒對手為好。但是擂台競技往往是水平實力相當，而獲勝則是由拳手的心理素質、身體素質和技戰術水平等多方面因素所決定的。因此，想要速勝對手，並非是件容易的事情。「擊倒」對手只是取勝的手段之一，而不是根本的途徑。如果我們一味地追求擊倒勝利往往會事與願違，事得其返。為此，在格鬥中必須尋找機會，發現對方的弱點，採用多種攻防技法和手段，擊打對手，破其攻防而獲得勝利。

雙方格鬥是一種鬥智鬥勇、較力較技的過程。為此拳手必須保持良好而穩定的心理狀態，要足智多謀，在激烈凶險的格鬥中，思路敏捷，反應迅速，找出對手的弱點，從而採取正確的戰術，用最適當的進攻技術控制對手，以

取得主動地位。當然，這種正確的技戰術應用，依賴於平時訓練和比賽的實際經驗的積累。一名拳手經過千百次的磨練，就會具有隨機應變，靈活使用各種技法的能力。且在擂台競技時信心十足，很有把握。在實力相當的拳手間的比賽，成敗往往看雙方的應變能力，能否以長制短，出「奇招」令對手措手不及。

格鬥的主要目的，就是要擊打對手，同時又能保護自己。泰拳的攻擊目標很廣，幾乎包括了全身的各個部分。因此只靠防守以求避免受創是不太可能的，單一的防守只會挨打。所以泰拳十分注意進攻技術，力主以攻止攻。在實戰中進攻力求「快、重、準、狠」，推崇「進攻是最佳的防衛」、「長攻必下」的戰略。

進攻形式基本上可分兩類：①是以力取勝；②是以技制敵。這兩種打法是根據拳手的特點而確定的。

以力量為主的拳手，常常以密集如雨的攻勢，壓制對手，以快制慢。在泰拳上史不少名手，就是借著暴風驟雨般的強攻，一鼓作氣，戰勝強敵。一些拳腳攻力很強的拳手，大都採用強擊的戰術，動作簡練凶猛，以迅雷不及掩耳之勢，給對手以重創，使其毫無回手之力。如50年代的「阿拉伯王子」鄔沙曼及其同門的「奇俠」沙目，就是因勇悍非凡而獲盛名。每次比賽一開始，就全力以赴地猛攻，常使對手尚未站穩腳跟就敗下陣來。60年代的「龍捲風」通拜，以體能超群、耐打、耐戰而著名。此外，「闖將」頌蓬、「黑旋風」頌納洛，都是全攻型的代表人物。

擅以技取勝的拳手，常被冠以「技術派拳手」的稱號。他們在比賽中常常能根據實戰的具體情況，有目的有

針對性地採取各種進攻技術擊打對方。技法全面精湛，戰術靈活多變。50 年代的「赤兔馬」巴盲，以技法精湛，力度沈厚而馳名。阿侖，則以手腳迅猛，技術全面而稱雄。近年來拳壇驕子「飛將軍」沙瑪是技術派的傑出代表人物。

泰拳進攻技術，從形式上有力與技之分，而在使用時，卻有不同的戰術。通常有佯攻、速攻、伏擊和退擊四種。拳腿肘膝的長攻短打；混戰時的膝肘連攻；摟抱撲壓等各種不同的進攻技法，在正確的戰術配合下，會更加運用自如，實用有效。

佯攻：是有目的地造成對手的錯覺，把對手引入歧途，從而實施眞實的進攻。通常是在對手防守嚴密，不易直接擊打時，採用虛招，指上打下，聲東擊西，轉移分散對手的注意力，造成其判斷錯誤，使其露出破綻，乘機擊打。

佯攻戰術的運用方法很多，不僅可以用拳腳虛晃，還可用肘膝佯攻，爲實際進攻技法的實施創造條件。佯攻的虛招不僅要靈活多變，而且在形態和速度上以假亂眞。眞眞假假虛虛實實，更可以虛變實，實轉虛。轉換流暢自如，令對手難以判斷眞僞。從而提高進攻的實效。

速攻：是以快制慢，利用強猛密集的攻勢，使對方在身體和心理上受到震動和威懾，而失去比賽的信心和喪失格鬥能力。

速攻是以速度、力量優勢取勝的戰術，因此實施時，需要有良好的身體和技術條件。不僅要有較大的拳腳功力，而且要準確、果斷、迅速、有力地擊打對手的薄弱環

節。在對手困惑、疲勞和受傷時，採用速攻的戰術，效果最佳。

伏擊：是以靜制動，避實就虛的戰術。當遇到對手的力量大，攻擊能力強時，不宜硬拼。應利用靈活的身手和步法，避其鋒芒，以逸待勞，製造戰機。乘其大意之機突然進攻對手。

採用伏擊戰術時，要注意自身移動的方向、角度和距離。同時，注意步法的靈活性和身體位移的突變性，把握進攻的時機。

退擊：是一種消耗對方體力，以退爲進的戰術。在格鬥中運用靈活的步法和敏捷的身手，讓對手屢次撲空，打不到人，耗其氣力，折其銳氣，使其急躁、氣餒而失去信心，造成動作變形。此時，伺機反擊必可一拳擊破對手的防禦。退擊可謂是以智鬥力的心理戰術。

上述各種進攻戰術的實施，需運用正確的拳、腿、肘、膝各種進攻技術，才能奏效。這些進攻技術一般是由組合動作組成，這些組合進攻技術經過數十年的實戰檢驗，已經磨練得十分精簡和實用。以下介紹今日泰拳手最常用的 24 種組合進攻技術。

1.拳法組合

①左引拳接右直拳（圖 104、105）。

②左引拳接左鈎拳（圖 106、107）。

③左、右直拳接左鈎拳（圖 108、109、110）。

④左引拳接右上擊拳（圖 111、112）。

圖　104　　　　　　　　　　　圖　105

圖　106　　　　　　　　　　　圖　107

圖　108　　　　　圖　109　　　　圖　110

圖　111　　　　　　　　　　圖　112

2.腿法組合

①左蹬腳接右腿掃踢肋部（圖113、114）。

②左腿先踢對手的前腳內側再高踢對手耳根（圖115、116）。

③右腿低掃對手的前腳外側接左腿掃踢頭部（圖117、118）。

④左腿高踢對手的耳根接右腿掃踢前腳外側（圖119、120）。

⑤右腿踢空後提足橫踹對手的腹部（圖121、122）。

⑥左腿高踢接右腿後蹬對手的下頷（圖123、124）。

圖　113　　　　　　　　　　圖　114

圖　115

圖　116

圖　117

圖　118

圖　119

圖　120

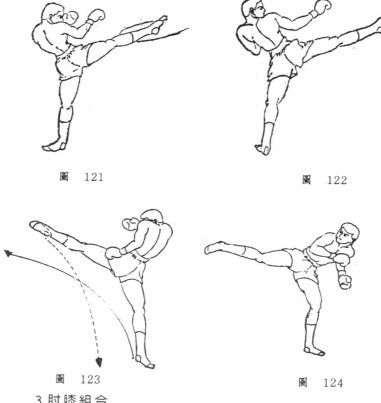

圖　121

圖　122

圖　123

圖　124

3.肘膝組合

①左平肘接右砍肘（圖 125、126）。

②左迫肘接右反肘擊面（圖 127、128）。

③右平肘接右衝膝（圖 129、130）。

④左衝膝接左平肘擊面（圖 131、132）。

⑤左、右膝撞接右平肘擊頭（圖 133、134、135）。

⑥左提膝接右衝膝（圖 136、137）。

圖　125

圖　126

圖　127

圖　128

圖　129

圖　130

圖　131

圖　132

圖　133

圖　134

圖　135

圖　136

圖　137

1.混合技術

①左引拳接右腿高掃頸部（圖138、139）。

②左、右連拳接右腿踢肋（圖140、141、142）。

③右腿蹬接右直拳擊面（圖143、144）。

④左、右連拳接右衝膝撞心窩（圖145、146、147）。

⑤左腿踢接右飛膝（圖148、149）。

⑥左引拳接左腿踢接右衝膝（圖150、151、152）。

⑦左蹬腿接右腿踢接左平肘（圖153、154、155）。

⑧左腿踢接右直拳接左平肘（圖156、157、158）。

圖　138　　　　　　　　　　　　圖　139

圖　140　　　　　　圖　141　　　　　　圖　142

圖　143

圖　144

圖　145

圖　146

圖　147

圖　148

圖　149

圖　150　　　　　　圖　151　　　　　　圖　152

圖　153　　　　　　圖　154　　　　　　圖　155

圖　156　　　　　　圖　157　　　　　　圖　158

㈡　防守技術

被喻爲「八臂拳術」的泰拳，其攻擊範圍十分廣泛，四肢八體能用則用，上下左右各個部位能打就打。因此在格鬥中防守也必須全面緊湊，嚴絲無縫。

防守是一種削弱對手進攻，保護自己的方法，其最終目的在於防守後的反擊。當對手攻勢凌厲時，拳手需運用各種防守技術，保護身體免受擊打，尋求喘息的機會，伺機反擊。因此防守技術對於每個拳手來說都是必不可少的求生本領。

泰拳的防守技術與其整體的風格一樣，遵循自然、簡練、實用的原則，動作強調輕巧流暢。防守時，要求拳手保持心理平衡，全神貫注，善於洞察對手的意圖和動作。對手攻勢愈強，愈要冷靜，坦然處之，觀察對手的舉動，找出對手的弱點。在防守後，施以反擊。這樣才能在激烈凶險，拳腳橫飛的格鬥中，立於不敗之地。

防守和進攻是同等重要的技術，且兩者關係密切，防守可以爲進攻提供有利的條件，防守是爲了更好的進攻。在擂台上，雙方你來我往，互有攻守，同時，攻守的轉換也是瞬息萬變的。因此，一個只有進攻技術而忽視防守技術的拳手，一定難以得到勝果。另外，忽視防守不僅違反了格鬥的基本要求，而且有損身體健康。拳壇中不少忽視防守技術的拳手，退役後，往往患有多種後遺症。如視覺神經痛，腦機衰退，內傷舊患等等疾病。相反，那些重技術重防守的唯技派拳手，受傷率相對要低，且運動壽命也長些。

在泰拳史上防守技術出色的選手，大多頭腦冷靜，機智過人，反應快捷，判斷能力很強，能充分發揮高超的防守技術，令對手竭盡所能，也難以傷其筋骨。著名拳師「獨野牛」乃蓬，「魔術師」巫民，便是防守的能手。50年代的「儒將」頌是，就是以其冷靜敏捷的頭腦，運用嚴密、謹慎、穩重的防守戰略，兩度挫敗重擊手「死神星」頌狄。70年代的高手乃佛、身經百戰，一次未曾被擊倒過，其防守技術出類拔萃，可稱一絕。

泰拳的基本格鬥姿勢，是一種最佳的防守姿勢，在格鬥中必須常常保持這個基本姿態。在進攻或防守動作完成後，也必須立即恢復原來的姿勢。

對付各種進攻動作，有著不同的防守方法，雖然方法不同，但其目的是一致的，都是為了保護自己免受擊打。要求拳手隨機應變，根據對手的進攻動作採用不同的防守技術。

防守技術從形式上可分為擋架、閃躲、阻截和抱持。這四種防守技術基本上概括了對任何進攻動作的防守。

1.擋架

以拳、肘、臂、肩、腳、膝等身體部位抵擋，削弱對手的攻擊，稱為擋架法。

擋架法還可分兩種形式：①阻擋法。如臂擋，肘擋，膝擋，脛擋等。②推格法。如內格，外格，下格等。採用有效正確的擋架方法，不僅可化解對方的攻勢，而且可以創造反擊的機會。

泰拳的擋架防守，通常是以剛制剛，以硬制硬，利用自身關節骨骼的硬度和力度，格擋對手的薄弱環節。此因

泰拳手都十分重視自身抗打能力的訓練，磨練出一身不怕擊打的身骨。即使對手的拳腳再硬再猛，也從容不迫，很有信心。

基本擋腳法：

當對手用右腿高掃頭部時，上體略向右閃，同時，左臂屈肘上提至頭側擋架對手的右腳踝關節（圖159）。

圖　159

要點：

擋架防守要避其腿擊的力點，手臂夾緊，含胸固肩。手的位置應保持在頭的部位。同時注意擰腰側身。

2.閃躲

閃躲防守，是運用靈活的步法和身法，避讓對手的進攻，使其擊打落空，再伺機反擊。一般有撤步、後閃、側閃、蹲踞、搖晃、騰躍等方法。

閃躲防守技術要求較高，拳手需正確判斷對手的擊打方向、距離。移動閃躲幅度太小，易被擊中，幅度太大，易被對手抓住時機連續攻擊而不能及時反擊，達不到最佳的防守效果。因此，步法和身法在閃躲防守中尤為重要，如撤步、側閃都要有靈活的步法；蹲踞、後閃、搖晃等需有良好的身法。閃躲時一定要做到身體靈活敏捷，閃躲恰到好處，既省力又有效。

後閃防守法：

當對手用右拳擊打時，身體重心後移，上體後仰閃開

對手的右直拳。同時，右手做好防守姿勢（圖160）。

　　要點：

　　後閃的幅度不宜過大，兩手要做好防守姿勢。

3. 阻截

　　阻截防守是以攻制攻、以快制慢的上乘技法。使用拳腳快速阻截，後發先至，使對手不能出

圖　160

招。泰拳的阻截防守，應用很廣，形式頗多，一般有掌按、腳撐、膝抵、肘壓等。

　　阻截防守是寓攻於守的技法，要求拳手判斷準確，反應迅速，動作靈活敏捷。它需要有很好的格鬥意識和嫻熟的防守技術，打擊時間差。如當對手欲發右高掃腿時，迅速用左蹬腿蹬擊對手的左大腿內側，以直打橫予以阻截，使其不僅不能完成右掃腿動作，而且因動作受挫而失去平衡。

　　直蹬阻截防守法：

　　當對手準備用右橫掃腿時，看準時機，迅速用右腿直蹬對手的腰腹部，阻截對方的進攻（圖161）。

　　要點：

　　要判斷準確，後發先至，在其剛出腿之際阻截對手。

4. 抱持

　　抱持是拳手疲勞無力或中擊受傷時，所採用的一種消極防守法。通常是運用雙臂鉗制、摟抱對手，牽制對手的

動作。

　　抱持防守是出於無奈而採用的一種戰略防守，固此運用時，一定要謹慎對待，不可輕率使用。抱持時一定要緊貼對手，使其沒有使用拳腳的空間。纏住對手，以此消磨時間待裁判發出分開的口令，這樣有利於保護自己，恢復體力。

　　抱持防守法：

　　雙手緊緊摟抱對手的腰部，同時下頜貼緊對手的頸部，使對手受制而不能使用拳腳動作（圖162）。

圖　161　　　　　　　　　　　　圖　162

　　要點：

　　摟抱要緊，身體緊貼對手，牽制其動作。

　㈢　反擊技術

　　反擊是防守後立即進攻對方的技術。反擊技術的好壞直接關係到比賽的成敗。泰拳手大都將防守和反擊技術結合在一起進行訓練。反擊技術可分為破拳、破腿、破膝、破肘四大形式。

1.破拳技術

泰拳的破拳方法很多，基本的可分為外圍截擊和內圍反擊。由於拳手的拳法通常比較凶猛，要想達到預期的防守反擊效果，必須做到「手需高，步要活，看得準，打得狠」。外圍的破拳技法一般有拳擊、腿踢和腳蹬等。內圍的破拳技法通用肘擊和膝撞等。

⑴**以拳對拳**

泰拳拳法與西洋拳擊頗為接近，因此泰拳的以拳破拳方法與技術要求，和拳擊也有共同之處。下面是幾種常見的以拳破拳的方法。

①左直拳破左引拳

甲方：用左引拳擊頭。

乙方：左腳略撤半步，身體左轉；同時，右臂屈肘內格。接著，左腳迅速上步，用左直拳反擊其面部（圖163、164）。

圖　163　　　　　　　　圖　164

要點：

左腳的撤步要根據雙方的距離而定，以益於防守後的

反擊爲度。格擋後，迅速上步出拳反擊，發拳迅猛有力，力點準確。

②右直拳破右直拳

甲方：用右直拳擊面。

乙方：身體向左擰轉，同時，左肩屈肘格擋。接著，右腿後蹬，身體微前傾，右拳迅速直擊對方的面部（圖165、166）。

圖　165　　　　　　　　圖　166

要點：

左臂的格擋要屈臂固肘。格擋和右拳的反擊連接緊湊，幾乎是同時進行。

③右鈎拳破左擺拳

甲方：用左擺拳擊頭。

乙方：先雙臂屈肘高掩護頭，然後用右鈎拳反擊（圖167、168）。

要點：

防守要嚴密，注意反擊的時機。最佳的時機是甲方左拳收回時，立即用右鈎拳追擊其左面部。

圖　167　　　　　圖　168

(2)腿踢制拳

用腿制拳的基本原則是「敵擅右，用左招；敵擅左，用右招」。用腿破拳時，必須提高雙拳，含胸拔背，聳肩藏頜，防守嚴密，同時，運用靈活的步法，迅速起腿反擊。

腿踢制拳最有效的方法是：踢擊對方的手臂或肋部，既可削弱對手的攻擊力，又可使對手遭受重踢，而使肌肉疼痛無力，失去鬥志。再者，當時手用拳擊打時，往往會暴露肋部，因此連續踢擊肋部，必能奏效。

下面是幾種常見的腿踢制拳的方法：

①左腿掃擊頸部破左拳

甲方：左直拳擊打面部。

乙方：重心移至右腳，身體向右擰轉並側傾；同時，左腿隨身體右轉之勢，迅速弧形上擺，掃擊甲方的頸部（圖169）。

要點：

　　出腿要掌握時機，待雙方發拳至一半時，立即出腿掃擊。掃腿時，要擰腰轉髖，發力迅猛，身體同時微側傾以避開對手的左拳。

　　②右腿掃肋破左直拳

　　甲方：前撲用左直拳擊頭。

　　乙方：左腳外展碾轉，隨之擰腰轉髖，同時，右腿弧形上擺，掃踢對方的左側肋部；兩臂成防守姿勢（圖170）。

圖　169　　　　　　　　　　　圖　170

　　要點：

　　當對方前衝擊拳時，看準目標立即擰腰轉體，用脛骨下段掃擊對方的軟肋。發力迅猛力點準確。發腿時，右拳要護於面部，上體微後傾，以避左直拳。

　　③右腿掃大腿破左直拳

　　甲方：用左直拳擊打面部。

　　乙方：左腳外展，身體向左擰轉，偏頭閃過對方的左拳。同時，借身體左轉的力量，右腿迅速掃擊對方左大腿的後群肌肉（圖171）。

要點：

轉身、偏頭閃避，出腿掃擊要協調連貫，一氣呵成。當對方前撲重心壓於左腿時，用脛骨猛掃其左大腿，使其失去重心而跌倒。

圖　171

④左腿掃大腿內側破右拳

甲方：揮右拳擊打面部。

乙方：在甲方出拳瞬間，身體向右擰轉，同時，左腿掃擊對方前腿的大腿內側（圖172）。

要點：

一定要待對方出拳重心落於前腿時，立即擰腰轉髖，帶動大腿掃擊對方的大腿內側或膝關節內側。如果時機掌握得當，可以踢斷對方膝關節內側的肌肉和韌帶。

圖　172

⑤側踹腹部破左右直拳

甲方：連續用左、右直拳擊打頭部。

乙方：雙腳微撤步，

圖　173

左腳外展，身體隨之左轉；同時，右腿由屈到伸側踹對方的腰腹部（圖173）。

要點：

兩腳的後撤閃躲和轉身側踹的銜接要緊湊。重心的移動要靈活自如，側踹腿的發力要完整，力達腳跟。同時，兩拳保持防守姿勢。

⑶用肘破拳

用肘破拳時，因肘的擊打距離較短，故此必須近身作戰，才能達到目的。對付以拳為主的拳手，肘法反擊使用得當，可收到速戰速決，立竿見影的效果。

用肘破拳最基本的方法是迫肘截擊法。當對手揮拳左右開弓緊逼時，先用雙肘護衛，同時，伺機撑肩振臂，身體前傾用肘尖撞擊對手的面部（圖174）。

這種在防守中突然反擊的技術，不但可以遏止對手的進攻，而且對方如防守不及，常常容易受創，從而削弱格鬥能力。

對付擅於使用左拳的對手時，待其右拳剛打完，左拳尚未出擊之際，迅速揮右肘橫擊其面部（圖175）。右肘擊

圖　174　　　　　　　圖　175

打的力量，主要依靠身體向左擰轉，以肩關節爲軸，固肘向前橫擊。如果機會得當，可一拳擊破其面頰或眉角。

　　對付擅用右拳的對手時，則動作相反。

　　用肘法還可以破解對方的中部拳擊。如對方用左鈎拳或上擊拳時，可略沈右臂格擋，護住身體要害，同時，用左肘迅速向前上衝頂，撲其面門。當對方用右拳擊身時，則用左肘封守護身，用右肘反擊。

　　⑷膝擊破拳

　　用膝破拳時，雙臂必須掩護前迎，用雙拳推擊對方的拳以減緩對手的攻勢，同時，伺機發膝衝撞對手的胸腹、腰肋等部位。

　　下面爲幾種常見的用膝破拳的方法：

　　①左衝膝破左拳

　　甲方：用左拳擊打乙方。

　　乙方：身體向右側閃切近，並用右拳向內撥開甲方的左拳。同時，右腳

圖　176

支撐，左腿屈膝上提，用膝尖衝撞甲方的腹部（圖176）。

　　要點：

　　撥拳要有力，使其拳改變方向；施展左膝時，身體要切近，掌握最佳的擊打距離；同時，擰腰挺髖以增加衝撞力量。

　　②右衝膝破左拳

　　甲方：進步用左拳擊打乙方。

　　乙方：左腳支撐，身體微後仰，用右拳格擋甲方的左拳；同時，右腿屈膝上提，借身體後仰髖部前送之勢頂撞甲方的左肋（圖177）。

　　要點：

　　格擋和衝膝要緊湊連貫，衝膝要猛迅準確。同時，保持身體平衡。

　　③斜衝膝破左右拳

　　甲方：左、右拳連擊乙方。

　　乙方：用雙拳護面架

圖　177

擋甲方的來拳，同時，用右膝斜上衝撞甲方的左肋（圖178）。

　　要點：

　　雙拳的防守要嚴謹穩固；用膝要掌握好距離，借擰腰轉髖之勢拋射。發力迅猛，力點準確。

　　④飛膝破左右拳

　　甲方：用左、右拳擊打乙方。

　　乙方：在甲方左拳發右拳的間隙，迅速用左腳蹬地，身體騰空。同時，右腿屈膝上提，用膝尖撞擊甲方的面部（圖179）。

　　要點：

　　這是一種騰空膝擊方法，原名「天鳥騰空」。使用時，起跳要突然，右膝要高拋；擰腰收腹，保護身體平衡。

　　此法常常令對手招架不及，可變被動為主動，解救燃眉之急。

⑤踩腿飛膝破左右拳

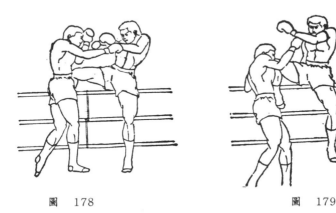

圖　178　　　　　　　　　　　　圖　179

甲方：用左、右拳連擊乙方。

乙方：看準時機和距離，迅速蹬地騰空，右腳踩擊甲方的前腿並向上蹬起。同時，左膝借右腿蹬伸的力量，迅速向上撞擊甲方的面部（圖180）。

要點：

這是一種借力飛膝的攻擊法。運用時，需掌握合適的距離。右腳的蹬踏要準確穩固；左膝的發力要直線迅猛用勁。整個動作一氣呵成，使對方尚未反應過來，就已受創。

⑥直衝膝破箍頸

甲方：前撲想用雙手箍扣乙方的頸部。

乙方：迅速用雙手從甲方雙臂的內側穿進，反箍對方的頸部。同時，用右膝向上直衝，頂擊甲方的胸部（圖181）。

要點：

必須在甲方撲近雙手前來箍頸之際，快速出手，以快
制慢，搶先箍扣對方的頸部。箍頸牢固緊扣。頂膝時，要
用雙手盡量下壓甲方，使其前俯，增加撞擊的力量。

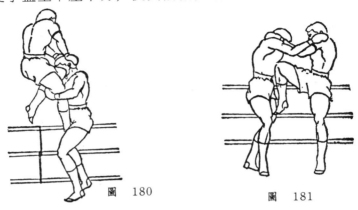

圖 180　　　　　圖 181

2.破腿技術

腿法作爲泰拳的主要制敵武器，深受拳手們的重視。
泰拳手對腿法的訓練和實際應用都十分鑽研，且有很深的
造詣。在擂台上，腿法的應用不僅非常廣泛，而且大都有
很高的準確率。因此，對腿法的防守技術也成爲拳手們必
須重視的問題。

泰拳的破腿技術常常是在運用擋架、閃躲、阻截、抄
抱等防守動作後施以腿或膝的反擊。

擋架法，是以臂、肘或膝的堅硬部位，抵擋消卸對方
的腿法。由於腿較手爲粗壯有力，且威力強盛，因此，防
守一方需雙臂並用。一臂屈肘擋架對方的腿攻，保護自己
的要害部位，另一臂按壓對方的腿脛。在擋架的同時，設
法出腿施以反擊。

閃躲後反擊，通常是被那些十分有經驗的拳手所採

用。當對手用腿掃踢時，後撤或低閃使對手腿擊落空，隨即立即乘虛而入，用腿反擊，踢擊對方的頭部或支撐腿。

　　阻截防守反擊，是比較常用的破腿方法。一般是採用提膝相迎，用膝尖撞擊對手腿的膝關節或大腿內側。以剛制剛，以硬碰硬。對方受撞後，輕者疼痛麻木，重者肌肉韌帶挫傷，從而喪失攻擊能力。在阻截防範時，切記不可用脛骨相撞，否則可能造成兩敗俱傷的結果。

　　抄抱腿的防守反擊是在擋架對方的來腿後，迅速抄抱或夾住對方的腿腳，牽制其攻勢，然後使用腿法、肘法或摔法予以反擊。

　　對付腿法的防守反擊須在堅固的防守基礎上實施。只有防守嚴密穩固，才能施以有效的反擊。否則破腿技術是難以完成的。

　　泰拳手在長期的實戰中，總結和積累了許多行之有效的破腿方法，下面是一些典型的破腿技術。

　　(1)**掃膝破左橫掃腿**

　　甲方：左橫掃腿踢擊乙方的頭部。

　　乙方：以左腳為支撐軸，身體向左擰轉，同時，右臂屈肘上提架擋；右腿迅速掃擊甲方支撐腿的膝關節（圖182）。

　　要點：

　　這是中距離的破腿法。右臂的防守要堅固，微含胸；右腿的掃擊迅猛準確，用足脛擊打甲方的膝關節，使其失重而屈膝倒地。

　　(2)**掃脛破右橫掃腿**

　　甲方：右掃腿踢擊乙方的頭部。

乙方：迅速屈膝下蹲閃躲，同時，身體左轉，用右腿掃擊甲方的左腿脛部。雙手做好防守姿勢（圖183）。

圖　182　　　　　　　　　　　　　　　圖　183

要點：

這是閃躲反擊的破腿法。要求判斷準確，身體下蹲閃躲和掃腿連接緊湊。掃腿時，要依靠腰胯擰轉的力量，增加掃腿的力度。擊打的目標，以對方踝關節或脛部下段爲佳。爲確保防守，手臂須做好護衛姿勢。

⑶踩膝破左橫掃腿

甲方：左腿橫掃乙方的頭部。

乙方：身體左轉，同時，用右腿蹬踩甲方的右膝關節的內側；右臂做好防守姿勢，左臂屈肘上舉準備攻擊對方（圖184）。

要點：

用踩膝破腿時，要注意時機的掌握。出腿過早，會被對手察覺而突然變向擊打。因此，一定是在對方出腿將至之際，迅速出腿踩擊對方支撐腿的膝關節內側。踩腿要借擰腰轉體之勢，發力快速，力達腳外緣。

⑷側踹破左橫掃腿

甲方：左腿橫掃乙方的肋部。

乙方：右臂屈肘架擋，同時，右腳支撐，身體微右轉，左腿側踹甲方的左肋阻截（圖185）。

圖　184　　　　　　　圖　185

要點：

這是以直打橫的破腿法，要掌握好出腿的時機。側踹時，擰腰轉髖迅速，送胯前挺，力達腳跟，阻截甲方的攻勢。右臂屈肘護於右側，防住下頷至腰肋部位；左手上提做好反擊姿勢。

⑸衝膝破右橫掃腿

甲方：右腿橫掃乙方的肋部。

乙方：左腳進步切入，左臂屈肘擋架甲方的右腿；同時，身體微左擰，右腿屈膝向前上衝頂甲方的腹部（圖186）。

要點：

這是近距離的以膝破腿法，要求近身施發。衝撞時，要挺髖前送，借身體前衝的力量撞擊對方。

(6)膝擊大腿破右橫掃腿

甲方：右腿橫掃乙方的腰肋。

乙方：左腳支撐，身體左轉；左臂隨之屈肘擋架護於腰肋間。同時，右腿屈膝上提，用膝尖衝頂甲方的右大腿內側；右臂屈肘，肘尖由上向下砸擊甲方的右腿脛部（圖187）。

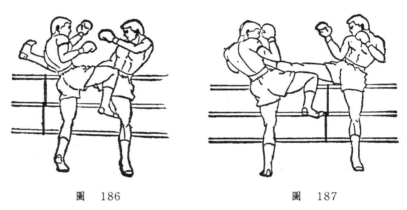

圖　186　　　　　　　　圖　187

要點：

這是手膝並用的破腿法。要求左臂的防守堅實牢固；右膝的上頂和右肘的下砸協調一致，配合用力，同時作用於對方的腿上。

(7)衝膝破左橫掃腿

甲方：左腿橫掃乙方的頭部。

乙方：身體右轉，用雙臂架擋甲方的高踢；同時，右腿支撐，左腿屈膝上提，衝頂甲方左大腿後群肌肉（圖188）。

要點：

使用這種破腿技術，要求身體貼近甲方的掃腿，雙臂

的防守要隨身體的右轉而旋臂削打；左膝由下向上直線衝頂。在頂膝的同時，左腳還要有一個蹬阻甲方支撐腿的動作，兩點進攻，效果更好。

⑻扎膝破左橫掃腿

甲方：左腿橫掃乙方的右肋。

乙方：左腳進步，身體切入接近甲方，身體隨之左轉；同時，右拳擊打甲方的腹部，右腿屈膝，用膝尖下扎甲方的大腿內側（圖189）。

要點：

這是貼身扎膝的破腿法。要求轉身、切入、扎膝一氣呵成，在瞬間完成。膝尖下扎時，掌握好距離，力點準確；同時，右拳出擊，配合扎膝。

⑼橫掃腿破橫掃腿

甲方：右腿橫掃乙方的左肋。

乙方：身體左轉並側閃，雙臂擋架甲方的掃腿；同時，右腿發力橫掃甲方的腰肋（圖190）。

圖　188

圖　189

要點：

這是對攻的破腿法。要求閃躲迅速，雙臂架格有力，待其尚未收腿時，右腿迅猛發力掃擊甲方的腰腹。閃躲、架擋和掃腿連貫協調，擰腰轉髖有力以促掃腿的力量。

⑽挾腿衝膝破蹬腿

甲方：左腿前蹬乙方的腹部。

乙方：身體向左側閃後切進，右手抄抱甲方的左腿；同時，左腿屈膝，用膝尖衝頂對方的腹部，左臂撐阻甲方的頭部（圖191）。

要點：

這是抄抱腿的破腿法。要求抄抱要夾緊，右手緊扣對方的踝關節，使其不能動彈；身體切進要快速；撞膝挺髖前送，力達膝尖。同時，右手挾腿後拉，使衝膝和對方身體的前衝形成撞擊。

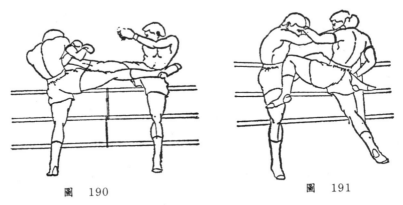

圖　190　　　　　　　　　　圖　191

⑾低掃破前蹬腿

甲方：左腿前蹬乙方的胸腹。

乙方：迅速向左側閃躲並切進，用右臂抄抱甲方的左腿；同時，右腿掃擊甲方的右腿膝關節（圖192）。

要點：

抄抱腿時，身體應先向左閃然後迅速切入；抱腿要夾臂緊扣，不讓對方脫身；掃腿用脛骨部分掃擊對方的膝關節。可以連續進攻，直至將對方掃倒。

⑿抱腿摔破橫掃腿

甲方：右腿掃擊乙方的胸腹。

乙方：右腳進步，身體隨之左轉；左臂由下向上抄抱，屈肘夾緊甲方的右腿；同時，用右手扣壓甲方的頸部。隨即身體右轉，左手上提，右手下壓，使其摔倒（圖193）。

要點：

這是抱摔破腿法，要求身體切進，擰腰轉體迅速，左手的抄抱和右手的按壓一上一下協同用力，掀翻對方。

圖　192　　　　　　　　圖　193

3. 破膝技術

泰拳的破膝技術可分爲破壞遠距離的飛膝和破解近距離的衝膝兩大類。破飛膝的方法多採用拳的撐阻、擊打和腿的掃踢、蹬踹。破衝膝方法則採取掃腿、膝擊。另外遇

對手強壯有力，攻勢迅猛時，也可採用抱持法，緊貼對方，使其無用膝的空間。下面是幾種常見的破膝方法。

(1)**直拳破飛膝**

甲方：騰空雙飛膝衝撞乙方。

乙方：迅速用右拳擊打乙方的面部（圖194）。

要點：

判斷要準確，掌握好出拳的時機。出拳迅速阻截對方，使其不能近身。

(2)**掃膝破飛膝**

甲方：騰空飛膝衝撞乙方。

乙方：看準時機，迅速用左腿掃擊甲方的左小腿，使其失去平衡（圖195）。

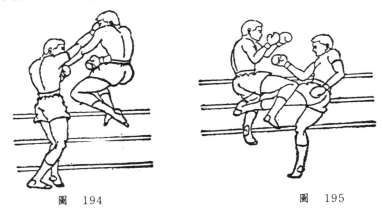

圖　194　　　　　　　　　圖　195

要點：

在對方騰空飛行過程中，迅速判斷好距離，擰腰轉胯左腿發力，掃擊對方的小腿，使其不能完成飛膝攻擊。

(3)**低掃破衝膝**

甲方：左膝衝撞乙方的胸部。

乙方：身體左轉，右臂屈肘護於右肋；同時，左腿微屈支撐，右腿掃擊甲方的右腿踝關節處（圖196）。

要點：

這是近距離的破膝法。要求身體擰轉帶動右腿發力，用脛部下段掃擊對方的支撐腿，力點要準，發勁要整，使其失重而跌倒。右臂撐架時，要含胸團胛以防範對方的膝攻。

⑷穿膝破衝膝

甲方：右膝衝撞乙方的左肋。

乙方：在甲方右膝發至一半時，右腿屈膝上提，挺髖，用膝衝頂甲方的胸腹部（圖197）。

要點：

這是以膝破膝的方法。要求右膝衝撞迅猛；身體前衝挺胯，加大工作距離和衝膝的力度。

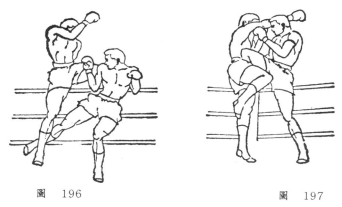

圖　196　　　　　　　　　　圖　197

⑸低掃破箍頸衝膝

甲方：用雙臂箍扣乙方的頸部，同時，施以左膝衝撞乙方的頭部。

乙方：在甲方籬頭的瞬間，左膝尚未發力之際，迅速彎腰低頭閃躲，雙臂護於胸前；同時，用左腿掃擊甲方的右小腿外側（圖198）。

要點：

閃躲要彎腰含胸，並且身體微向後撤；掃腿時支撐腿屈膝，左腿前伸掃擊，加大動作幅度。擊打的目標以支撐腿的踝關節處為佳。

(6)抱腰破衝膝

甲方：雙方籬扣乙方的頸部欲衝膝。

乙方：迅速用雙臂環抱甲方的腰部，身體緊貼甲方，使其沒有用膝的空間（圖199）。

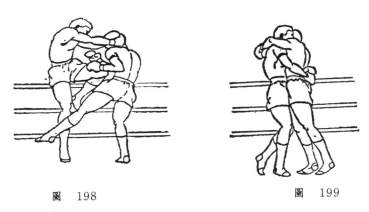

圖 198　　　　　　　　　　圖 199

要點：

這是一種被動的破膝法。是當對方實力很強或已被對方扣住頸部時，而迫不得已採用的抱持法。雙臂要抱緊，身體緊貼對方，下頷抵住對方的頸部，使其受到鉗制而無法施展膝法。

4.破肘技術

　　肘擊打的目標常以頭部、面部爲主。因此，破肘技術採用架擋和閃躲兩種。

　　採用架擋時，要快速準確。動作不宜過大，只需提臂屈肘護頭即可。但要保持肌肉的緊張度，裹肩固肘，嚴密堅實。

　　閃躲破肘，分爲低閃和撤步。採用低閃時，一定要掌握時機，迅速低頭閃避對方的肘擊（圖 200），過早過晚都會造成失誤。在破肘法中，採用撤步閃躲是比較上策的方法。對方施以肘擊時，必須近身才能奏效，如迅速向後撤步拉開雙方的距離，肘擊就無用武之地。閃躲防守後都必須立即使用腳或拳進行反擊。

　　在泰拳比賽中最常見的是，以肘制肘的破肘法。當對方右肘擊頭時，立即用左臂屈肘架擋，同時，用右肘橫擊對方的面部（圖 201）。這種防守反擊的破肘法，防反連接緊湊，幾乎是同時完成。在泰拳界不少以肘擊聞名的拳手，大都精於此法。

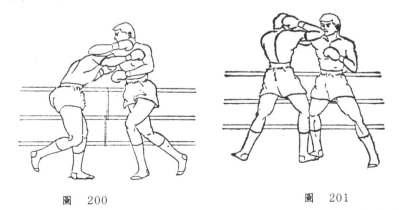

圖　200　　　　　　　　　　　圖　201

　　破反肘攻擊的方法，除雙臂擋架以外，還可用左手按

住對方的頸部阻截，同時，近身用右肘回擊。

5.破抄抱腿技術

在泰拳中，腿被對方抄抱的機會雖然不多，但偶爾也發生。拳手們在破抄抱腿時，通常採用三種破解法。

⑴拳肘相擊

當腿被對方挾持後，立即以被抱腿的同側拳或肘反擊。對方如未及時抽臂回防，必被擊中。

⑵踹腿解圍

當腿被挾持後，立即用力屈膝收腿，然後再猛烈踹出，使其不能接近或使用摔法。通過連續的蹬伸，使對方不得不放手。

⑶躍膝破抱腿

當腿被挾持後，立即將被抱腿向下壓撑，身體重心作用於被抱腿上；同時，身體前撲，雙手箍扣對方的頸部，另一腿屈膝躍起衝頂對方的面部。以守爲攻，迫使對方鬆手護頭而解圍。

四、內圍技術

　　內圍技術是指泰拳的貼身格鬥技術。它是泰拳技術體系中的一個重要組成部分。在泰拳史上，靠內圍技術獲勝的戰例比比皆是。拳手們要想獲勝必須刻苦磨練內圍技術。

　　內圍技戰術的訓練，最主要是進行角力練習。拳手在互相糾纏中，觀察對方的意圖和動向，及時作出反應，互相進攻化解。並在激烈的對抗中，磨練毅力，增強肌肉力量，提高身體的對抗能力和實戰經驗，為擂台競技打下堅實的基礎。因此，角力練習可使拳手在體能、智力和技術上得到比較全面的發展，是深受拳手重視的一項訓練內容。

　　泰拳內圍格鬥的要訣為：身靈、力聚、意敏、神馳。

　　身靈：要求身體和步法靈活敏捷。在角力中保持身體平衡，搶占有利位置，占居主動，控制對手。

　　力聚：要求貫注全身的力量，消解、抵禦對方的攻擊或用強有力的雙臂纏制對手。如果腰頸的力量不足，會被對手抵壓而低身遭膝擊；而手臂力量欠缺則既不能牽制對手，又無力破解對手雙臂的纏制。

　　意敏：要求抱纏時，反應要快，迅速找出對方的弱

點；動作果斷，迅速採用正確攻擊方法，爭取掌握主動，先發制人或反守為攻。

神馳：要求在短兵相接時，保持清醒的頭腦，心情鬆弛，坦然處置。不慌不忙，保持正確的判斷和動作的準確施發，以確保久戰而不致力不從心。

內圍技術主要由纏制、膝擊、摔法三部分組成。

(一) 纏制

纏制是貼身格鬥時，運用手臂將對方箍緊或鉗制，占據有利位置，將對手任意逶牽引擺佈，迎合膝擊的方法。被牽制的一方如無法解脫，就必受連續膝擊而難以反擊，直至在強勁的拉拽和膝攻下，不支而倒。因此，纏制法可以說是泰拳內圍格鬥中最基本最重要的技術，是施展膝攻或摔法的前提條件，無論攻守都必須熟練掌握纏制技術。

纏制技術看似雜亂無章，其實動作非常細膩精巧，包含著很高的動作技巧。它不僅是技術的較量，而且也是智力和體能的考驗。不同水平的拳手，一旦進入內圍貼身實戰，便立即可見強弱高低。技高者常用強勁的纏制技術配以猛力的膝擊，可在短時間內將對手置於死地，迅速結束比賽。

纏制技術是以控制對方為原則，其具體的要點有：

①控制對方的平衡：在強有力的牽制下，根據自己的動作意圖，牽引對方的身體，使其不能保持身體平衡而無從還手。

②保持自身的平衡：在相持時，要全力保持平衡，腳下生根，腰和頸要挺直有力，身體姿勢沈穩扎實。切忌彎

腰低頭。

③手膝並用，協調有力：箍緊對方的頸部後，要用力下搋，使其低頭，身體前俯，同時迅速予以膝擊。上下協調配合，用力準確完整。

④步法靈活，占據主動：在相持中，要根據具體情況，靈活運用步法，使自己占據有利位置，可攻可守，掌握主動。

除上述四個要點外，還要注意在激烈的抱纏中自我放鬆，保持動作正確協調，減少不必要的體力消耗，以利久戰。同時可蓄力伺機出擊。

纏制技術最基本的是箍頸法。其它還有抱腰、挾腋、鉗臂等纏制方法。

1.箍頸法

箍頸法是用雙臂環抱箍扣對方頸部，控制對方上體的

圖　202

一種纏制法（圖 202）。拳手們在內圍格鬥時，互相抱腋鉗制，是為了占據控制對方的有利位置。通常能從對方的雙臂內側箍緊對手頸部，便取得了主動。此時，除非對方十分有勁而能強行擺脫箍頸，否則，在內側的一方雙臂緊收時，對方的上體就完全暴露在雙膝攻擊的範圍之內，處於十分被動的地位。

箍頸法有單手、雙手、反手和扣壓等幾種方法，其用途是一致的。

2.抱腰法

　　抱腰法是貼身實戰時，用雙臂環抱對方的腰部（或背部），控制其下盤活動的纏制法，是破膝的良方（圖 203）。同時，抱腰法還可將對方抱起搬移或摔倒。

圖　203

　　抱腰法要求雙臂環抱扣緊，身體緊貼對手，使其下肢沒有活動的餘地。

3. 挾腋和鉗臂法

　　此法是用雙臂扣鎖對方雙臂的技法。挾腋是雙臂從對方的腋下穿過挾之（圖 204）。鉗臂是用雙臂從對方兩臂的外側向裡向上鉗制對方的雙臂（圖 205）。

　　挾腋或鉗臂目的在於鉗制對方的臂膊，控制其上盤的活動，使其無法使用拳肘，或控制對手的平衡，防止對方的膝擊。

圖　204

圖　205

㈡　膝擊

在內圍技術中，膝擊具有極強的攻擊力，是泰拳手最常用的技法。內圍的膝擊方法很多可攻可守，運用十分廣泛。下面是幾種常見的內圍以膝破膝的技法。

1. 破膝回擊

當對方用膝攻來時，立即轉身切入，用髖部抵住對方衝膝腿的內側，破其膝招；同時，後腿屈膝衝撞對方的肋部。這是一種最基本的用膝反擊法。

2. 撤步衝膝

當對方用膝向前直衝時，立即撤步後閃，使其衝膝落空並因失去平衡而身體前撲，然後立即飛膝衝撞對方。

3. 破圍衝膝

當對方箍扣頸部時，立即用雙臂從對方雙臂的中間向上穿掙，撐開對方的箍頸手臂，同時，抱膝前衝，撞擊對方的胸腹。

4. 繞步卸膝

當對方右膝擊來時，迅速移動右腳向右側移步側閃，避其膝招，同時，用手按制對方，隨即用左膝或右膝反擊對方。

5. 反拿衝膝

當對方右膝衝來時，迅速向右側閃躲，同時，伸出左手反扣（虎口朝下）對方頸部的左側，向左下回拽，使其身體前傾，乘機用左膝衝其肋部。

6. 穿膝破膝

當對方用右膝衝頂時，可以不閃不躲，而是提左膝直

衝頂撞對方的肋部，後發先至。也可向左衝撞對方的大腿內側，這種方法稱爲封膝。

7. 突圍側膝

當對方強行箍頸時，可以用左手按壓其右肘關節，右手托其左肘，同時向上發力，乘對方左臂被抬起時，低頭從其左腋下擺脫，隨後立即緊抱對方腰部，面貼住對方的左肩，或從側面環抱上體，用右側膝衝打對方的脊背或腰部，使其背側受制，難以防守。

8. 旋敵回膝

左手環抱對方的頸部，右手抵住其左肩，待其動膝時，用力牽制對方左移，同時，左腳向右繞步，移至其背後，提右膝衝撞對方。

㈢　摔法

摔法在內圍技術中通常是一種輔助技法，在泰拳擂台上雖不太多見，但有不少摔法，使用得當時，可以發揮很大的作用。

1. 順手牽拉

當對方抱腰欲向前逼近，或俯身企圖抄抱腿時，順勢用雙手扣其頸部用力回帶並下拽使其前衝失去平衡跌倒（圖 206）。

圖　206

2. 抱摔

當對方用膝攻擊時，用雙手環抱其腰部，將之扛起向側方拋摔（圖 207）。若對手高大強壯，則可用一手挽抱對

方的膝關節高抬，再用腳絆住其支撐腿，使其失去平衡而倒地（圖 208）。

圖　207

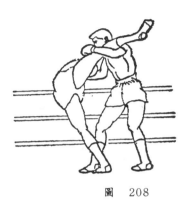

圖　208

3. 穿腋背摔

當對方左拳擊來時，身體迅速右轉，同時，左手從對方的左腋下穿過並向上扣緊，右手扣按其右拳。接著，身體前俯，臂部貼近對手身體上抬；同時，雙臂隨身體前俯下拽，使對方從背上摔出（圖 209）。

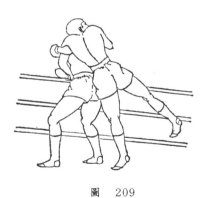

圖　209

4. 托肘摔

當對方箍住頸部用膝打來時，上體挺直，用雙手上托對方的雙肘，乘其衝膝之際，借勢頂甩，並用低掃腿掃擊

其支撑腿，使其失重跌倒（圖210）。

5.抱膝按面

　　當對方用膝攻來時，一手由其膝下抄抱，隨即高抬其腿；同時，另一手按壓其面部，上下用力，使其跌倒（圖211）。

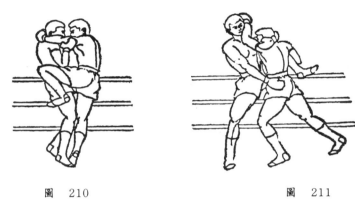

圖　210　　　　　　　　　　　　　圖　211

6.抱腰按面

　　當對方箍頸衝膝時，用左手抱其腰部；同時，右手從其雙臂中上穿，按其面部口鼻，並用力向上推擊，使其呼吸不便，身體後仰而跌倒（圖212）。

圖　212

五、泰拳的訓練

　　泰拳以其動作簡練，招式凶險，功力深厚，技藝高超而蜚聲國際武壇。幾十年來泰拳所向披靡，其原因何在？探究其因，主要是泰拳有一套嚴格系統的訓練體系。其所有的訓練方法，都是爲在擂台競技時獲勝而設置的，目的明確，方法實際有效。縱觀其訓練內容，一般包括體能訓練、功力訓練和技戰術訓練三大部分內容。通過近似殘忍的訓練，造就了一批又一批勇敢無畏，技藝超群的泰拳高手。

(一) 體能訓練

　　泰拳比賽異常激烈，運動強度極大，因此，沒有一個強有力的體魄，是難以勝任大強度的比賽。拳手們大都非常重視體能的訓練，每天都要安排 2－3 小時的體能訓練。主要進行越野跑、游泳和跳繩等速度力量、耐力的練習。

1.越野跑

　　越野跑的訓練，通常是在早晨進行的。其中包括 5 次 3 分鐘的加速跑，每次加速跑的間隔只進行 1 分鐘的慢跑過渡。所有的訓練路段都有敎練持秒表控制時間，每次到最後 30 秒時，告訴拳手要竭盡全力衝刺，決不允許減速

或偷懶。

通過越野跑的訓練，增強腿部肌肉的力量，提高耐力，使拳手的進攻防守轉換靈活快速，且沈隱不浮，屹立不倒。

2. 游泳

一般採用長距離的游泳訓練，通過游泳練習。有效地提高呼吸系統的能力，增加肺活量，以適應擂台競技的需要。同時，長距離的游泳練習還培養了拳手在極度疲勞的狀況下，仍能保持良好的動作協調性，從而保證了在比賽中無論處於什麼樣的狀態，動作都能準確協調，而不致僵硬變形。

3. 跳繩

跳繩訓練是最簡單實用的一種練習方法，也是拳手們必須持之以恆，堅持不懈的訓練內容。一般採用 15 分鐘不用速度的跳繩練習。通過跳繩練習，不僅增加了腿部的肌肉力量（特別是小腿肌肉力量的增強，有助於拳手快速敏捷地移動步法，把握時機，迅速起腿出擊），而且還可以提高血液循環系統和呼吸系統的能力，增強耐力。

另外，還可以通過跳繩訓練手段來降體重。用於降體重的訓練，通常要進行 30 分鐘或 60 分鐘。同時，還需穿沙衣或厚衣，以增加重量，加大負荷，促進體內多餘脂肪的消耗，達到減輕體重的目的。

4. 腹肌練習

腹股練習通常是採用仰臥起坐的方法。由同伴按住雙腳；兩手抱頭，身體上抬至頭碰腳。每次練 100 至 120次，直至腹部肌肉疲勞，從而增強腹部的肌肉力量（圖

213）。

圖　213

㈡　功力訓練

功力訓練是泰拳訓練的重要組成部分。泰拳之所以威
震四方，其最主要的原因，就是功力深厚，出拳發腿速度
快，力度大，威力強，具有極大的殺傷力。而且不怕打，
抗打能力極強，往往令對手不戰而寒。能達到這種超人的
境地，是拳手們長期不懈地堅持功力訓練的結果。

1.踢擊樹幹

踢擊樹幹是一種傳統
的訓練方法。以前因缺乏
必要的訓練器材，拳手們
常常以香蕉樹作爲訓練的
輔助器材。通過踢踹樹幹
來提高腳背和脛部的硬度
和擊打能力（圖214）。

圖　214

難度較大的方法是：
將1公尺長的樹幹垂直立於地面，用左、右腳交替踢擊樹

幹的上端，而不讓其倒地。另一種方法是：將一段樹幹拋向空中，然後用左、右腳快速連續擊踢樹幹，以提高腿擊的準確性。

2.砂袋練習

砂袋練習是泰拳基本訓練方法之一，通過踢打砂袋的練習，可以有效地增加拳、肘、腿、膝的力度和硬度，使其更具威力。

砂袋一般是用帆布或皮革製成，內裝黃砂，砂袋的長度約1公尺，直徑約為30公分左右。砂袋的重量因人而異，一般以能打動砂袋為宜。懸掛的高度，通常是砂袋的1/2處與練習者的胸部平齊。這樣易於練習者施展拳腳。

砂袋練習決不可只圖痛快，亂打蠻幹。一定要根據訓練的目的，環繞砂袋，做有規律的步法移動，選擇不同的位置、角度和距離，施以拳腳，攻擊假設目標。

(1)衝拳練習法

①面對砂袋，做好基本姿勢（圖215）。

②重心微向前移，左拳直線向前衝擊，左前臂內旋，使拳面與腕關節成一直線（圖216）。

③左拳收回；同時，擰腰順肩，右拳向前衝擊（圖217）。

④右拳收回，左拳向前平衝（圖218）。

要點：

通常採用左拳、右拳、左拳的組合拳，依著1－2－3的節奏進行訓練。動作連貫準確，借助右腿的後蹬和擰腰轉髖的力量出拳。拳要直線放出，直線收回；在擊中砂袋的瞬間要挺腕，使拳背與前臂成一直線。拳面要平，切忌

翹腕，以免腕關節挫傷。

圖　215

圖　216

圖　217

圖　218

⑵肘擊練習法

①面對砂袋，做好基本姿勢（圖219）。

②用左拳衝擊砂袋，使其後擺（圖220）。

③身體前傾微右轉，同時，右臂屈肘上提至與肩平，左拳做好防守姿勢（圖221）。

④當砂袋回擺的瞬間，身體左轉，擰腰發力，用右肘橫擊砂袋（圖222）。

圖　219

圖　220

圖　221

圖　222

要點：

①肘擊是適用於近距離攻擊的技法，爲了增加擊肘的力度，一定要先使砂袋後擺，在其回蕩時擊肘，這樣可以有效地提高擊肘的力度。

②擊肘的發力，要通過腿的蹬伸，擰腰順肩，爲達於肘尖；同時，身體微向前壓以增加擊肘的力量。

(3)擺腿練習法

①面對砂袋，做好基本姿勢（圖223）。

②右腿屈膝上提，大腿和小腿的夾角約 90 度；同時，左腳碾地支撐，身體左轉側傾，轉髖使小腿橫抬。左拳護於額前；右拳前衝阻截（圖 224）。

③右腿由屈到伸，迅猛發力，以腳背或脛部橫擊目標（圖 225）。

圖　223　　　　　　　　　　　　圖　224

圖　225

要點：

支撐腿站穩，上體微側傾，保持身體平衡；擰腰轉髖要迅速，以增加轉動力量，提高橫擺腿的速度和力度。整

個動作，支撐腿的碾轉，撐腰轉髖和橫擺腿的發力要一氣呵成，協調一致。

⑷衝膝練習法

①面對砂袋，做好基本姿勢（圖226）。

②側身逼近砂袋，兩臂前伸用雙手夾緊砂袋，使之擺動至身體右前方，右腿屈膝上提（圖227）。

③身體微左傾，左腳腳跟提起，腳前掌碾地外轉；同時，提右膝衝擊砂袋左側與肋部相同高度的部位（圖228）。

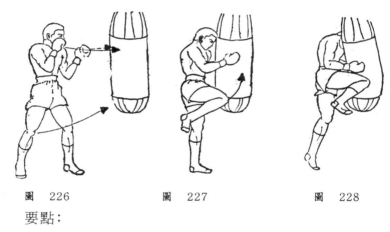

圖　226　　　　圖　227　　　　圖　228

要點：

①砂袋的回擺和衝膝發力兩者撞擊的時間和距離要掌握好，以發揮最佳的撞擊效果。

②衝膝時，頭向外撐，下頦緊貼肩胸；同時，撐腰收腹，充分利用腰腹的力量。

③衝膝用於近戰時必須連續不斷地進行。因此，練習時應左右膝交替進行，連續不停，以適應實戰的需要。

3.角力練習

角力練習，是雙方長時間進行扭抱、投摔的練習方法（圖229）。通常選擇體形、身高、體重相近的對手，互相扣握頸部，輪流由一方用力拉拽、下壓或推放，同時，迎合膝招。被動一方則竭力反抗，用力推開或向側推移雙方，使其招法失效或失去平衡。雙方劇烈貼纏、摟抱、推移、環繞，互相消解對方的攻勢。在這種激烈的

圖　229

對抗中，可以增強拳手的腰腿力量，使樁步更加堅實，用膝更爲靈活多變，且有助於磨練意志，培養耐性，以便在近距離實戰中，伺機發揮膝技，爭技主動，搶占優勢。同時，在應付對手的膝擊時，也可從容不迫地保護自己，尋機反擊。

4.眼力訓練

在泰拳中，眼力包括對雙方距離、對方使用動作意圖的判斷和對周圍環境的觀察。眼快才能手快，眼力對泰拳手來說是非常重要的，瞬間的不專注，都可能導致失敗。

眼力訓練一般有四種方法：

⑴平日雙方練習搏擊時，一方出其不意地用手抓擊對方的眼睛；另一方則要做到兩眼緊盯對手而不眨眼。這種在對抗中的眼力訓練是十分有效的，可以促使拳手養成在實戰中不眨眼的良好習慣，使動作反應更加敏銳快疾。

⑵在平日的空餘時間，注視遠方，盯住某一物體，觀察其形，以獲得全神貫注的效果。

⑶選擇在綠色的環境中尋找目標，然後凝視目標不

動。由於綠色對人的眼睛無刺激作用，因此在綠色環境中
練習，可以進一步提高眼力。

(4)借用淡水進行練習。在清晰的湖底或河底潛泳，睜
眼觀察水底的物體，或追視游魚。這個方法，效果很好。
在沒有清潔的河湖時，可以在家中用乾淨的臉盆，注入清
水，把頭浸入水中，兩眼睜開。觀察水中之物。

上述四種眼力練習，是每一個成功的泰拳手必經的階
段。通過循序漸進，逐漸增加練習時間，便可培養銳利敏
銳的目光。

5. 其它輔助練習

(1)用木棒或酒瓶擊打脛骨，久而久之，使其表皮神經
末梢感受反應遲鈍，脛骨骨質增厚，從而增強擊打時的承
受能力（圖230）。

(2)用木槌或鉛球敲擊腹部，增強腹部的抗擊能力（圖
231）。

圖　230　　　　　　　　　圖　231

㈢　技術訓練

技術訓練是泰拳訓練的核心內容，技術的好壞是比賽成敗的關鍵。因此，技術訓練在每天的訓練中所占的比例最大。

1. 擊影練習

擊影練習是個人假設性的技術訓練。通過假設對手的攻防動作而進行相應的拳、肘、腿、膝的技法練習。通過擊影練習，可以提高周身的協調配合能力，掌握進攻和防守的時機，培養動作的連貫性和節奏感。同時，在練習過程中，體會動作的路線、方向和力點的準確性，找出弊端，改進基本技術。因此擊影練習可以說是一種「動作意識」的練習。

擊影練習通常要進行 5 局，每局 3 分鐘，局間休息 1 分鐘。每次練習可以是單一的拳、肘或腿、膝技法的練習，也可以是拳肘腿膝的混合練習。

練拳時，要注意動作的連貫，路線、方向和力點的準確，並結合各種步法，如躍進、急退、環繞等步法的運用。動作要靈活多變。只有拳法和步法的協調配合，才能真正達到練習的目的。

練肘時，心中要有假設敵人的存在，並設想近身實戰的情形和對方的動作意圖而實施肘法。肘法應根據不同的情況靈活多變，可以適當改變擊打的角度、方向和距離，自由發揮，靈活掌握。

練腿時，不宜過猛、過快，而是要注意發力時動作的正確性和身體的平衡。腿法要靈活敏捷，減少動作預兆，

提高腿法的隱蔽性和突然性。同時，加強發腿後的防守，不給對方以破綻，做到嚴絲無縫。

練膝時，要掌握距離和時機，在假設的對手近身時，雙臂做摟箍對手頸部下壓，迎合衝膝。雙膝攻擊要連貫流暢，同時，注意支撐堅固，不可失去平衡。

圖　232

另一種擊影練習是蹲身擊影法。練習時，屈膝下蹲，雙腿前後移動，按照1－2－3的節奏，兩拳依次擊打。此法主要是爲增強腿部的肌肉力量（圖232）。

2.引靶練習

「引靶」練習是由敎練或專業靶師手持長約33公分的長方形皮製手靶，作爲活動目標，引導練習者擊打的一種練習法。引靶練習較之拳手獨自擊打砂袋，更爲實用有效。

練習時，敎練持靶，不斷變化角度、位置和方向，引導拳手使用各種不同的動作擊打各個目標。同時，敎練也時常施以反擊，要求拳手迅速反應，進行防守。在敎練的催逼下，拳手不斷進攻和防守，動作密度極大，可以有效地提高拳手的進攻和防守反擊的動作質量，使得拳腳更加靈活準確。同時，可以提高拳手的反應速度和應變能力，建立穩定的條件反射，使動作逐漸自動化。

「引靶」練習是泰拳訓練的重要手段，也是近代泰拳

所採用的先進方法之一。
引靶練習見圖 233 所示。

3. 試招練習

試招是一種有條件限
制的實戰練習。拳手與體
型相似的對手或教練進行
「實戰」，但其動作速度和
力度不要求和眞正比賽時
那樣凶狠，否則易造成傷害。

圖　233

試招練習時，可根據敎練的指示，進行有針對性的技
術練習。如規定用腿法互相攻守時，甲方使用各種腿法進
行攻擊，乙方則施以各種防守動作，或閃躲或格擋，伺機
反擊。然後甲方由進攻轉爲防守。再如規定做近身膝衝練
習時，甲方箍扣乙方的頸部，同時用膝衝頂；乙方則盡力
防守，化解對方的衝膝，同時伺機反擊。這種雙方使用動
作互相進攻、拆解的練習，針對性很強，可以有效地訓練
和提高某一方面的能力和運用某種技術的水平。同時在試
招中還可以豐富實戰經驗，掌握實戰的節奏感。

4. 對打練習

對打練習即實戰練習，是賽前拳手非常重要的訓練內
容。在曼谷已獲排期出賽的拳手，通常每週不少於 3 次對
打練習。對打練習是檢驗和提高技術、戰術的重要方法，
也是總結積累實戰經驗的有效措施。

泰拳手在對打練習時，一般要求穿戴頭盔和拳套，全
力拼搏。通過超時訓練，如正式比賽每局 3 分鐘，而對打
練習每局要進行 4 分半鐘，休息不超過 1 分鐘。這種大強

度、高壓式的訓練，大大
提高了拳手的體能，磨練
了鬥志，從而使拳手適應
大強度的激烈比賽。缺乏
對打練習的拳手，在擂台
上往往會力不從心，信心
不足。對打練習見圖 234
所示。

圖　234

　　每次對打練習的數量不宜過多，如準備 14 回合的比
賽，每次只進行 4 個回合的對打練習；準備 5 回合的比
賽，每次進行 3 回合的對打練習；而四回合以下的比賽，
則練 2 個回合就足夠了。

　　另外，對打練習的安排，一般是隔日一次。這樣可以
使舉手的身心得到充分的休息，恢復體力，從而不致於造
成過度疲勞。

　　在泰拳史上，對打練習訓練分量最高的是 1982 年舉
行的一場泰拳高手的爭霸賽，由「通天膝」狄西蓮迎戰
「飛將軍」沙瑪。雙方都積極備戰，其對打的訓練量是前
所未有的。前者在 65 天的備戰練習中，對打練習達 102
個回合，並特別注重膝擊的練習。而後者在 45 天的訓練
中，對打練習竟達 86 個回合，且加強角力的份量，以對
抗狄西蓮的膝衝戰術。

㈣　輔助練習

　　通常在訓練的前後，都要進行柔軟體操的練習。訓練
前的準備操，可以伸展肌肉、韌帶，使各個關節活動開以

免受傷。同時，提高神經系統的興奮性，減少肌肉的粘滯性。訓練後的放鬆操，可以使緊張的神經得到鬆弛，肌肉得到放鬆，有助於消除疲勞，恢復體力。

柔韌操一般由頸部繞環，身體俯仰、開胯溜腿、蹲伸跳起等動作組成。

伍　訓練程序

泰拳訓練的獨到之處是一切均圍繞著「戰」這個主題而安排訓練內容，是專爲培養拳手實戰本領而設計的，職業拳手的訓練一般是依照一套相對固定的程序進行的。

一個典型的訓練程序如下：

1.越野跑。在早晨進行 30 分鐘的變速跑。

2.15 分鐘不同速度的跳繩練習。

3.擊影練習。進行 5 局，每局 3 分鐘，局間休息 1 分鐘。要求使用拳、肘、腿、膝等進攻技術。

4.砂袋練習。進行 5 局，每局 3 分鐘，局間休息 1 分鐘。

5.引靶練習。要求拳手反應快，判斷準確，使用他認爲最合適的攻守技術。

6.對打練習。進行 3－5 局的對打比賽，拳手穿戴頭盔和重拳套。允許肘、膝的進攻。

7.一般性練習。如仰臥起坐等練習。

泰拳的訓練雖然有一個相對固定的程序，但拳手們的訓練並非千篇一律，而是因人而異的，隨著時代的推進，訓練方法也有所改進，更趨於科學合理。如 60 年代以前拳手的練習，一般以擊影、打砂袋、對打爲重點，以跳繩

與試招作爲輔助練習，以後各拳館加強了角力和引靶的練習。特別是引靶練習的採用。使拳手拳腳的速度、密度、準確性、靈活性大大提高。泰拳的訓練更加實際有效。

下面介紹兩位 70 年代雄霸拳壇的高手及佛和威倉蓮的個別訓練程序。

乃佛有「泰南慧星」之稱，技藝超群，曾稱霸泰拳拳壇無敵手。據其敎練固鈴講，乃佛從出道到稱雄全國，基本上依照一套固定的訓練程序，十年如一日。

備戰，通常在賽期前 20 天開始，到臨賽前休息一天。

每天早晨 5 點或 6 點，以中速越野跑，繞皇家田跑三圈。跑步後，在皇家田內選擇適當的地點練腿功，蹬踏樹幹。然後，回到拳館和敎練試招。練踢和蹬的技術，以靈活敏捷爲主。如敎練進步掃腿，主即撤步，用腿施以反擊。然後做體操練習，重點在頸部肌肉和腹肌。

早餐後，自由活動。至下午 3 點後在拳館裡和其他拳手一起訓練。

練習前做準備操進行熱身，尤其是頸部、肩、臂、小腿肌肉的活動。

先進行 3 個回合的擊影練習，輪換練高低踢腿與蹬腿，或配以膝擊連環進行。休息時作全身按摩。然後繼續 5 個回合的引靶練習，全力以赴，如同實戰，踢腿衝膝，密集如雨。每次休息時要進行按摩，以加強血液循環，消除疲勞，恢復體力。隨後是 2 個回合的砂袋練習。主要練飛踢法，左右腿重複踢擊砂袋。然後再練 2 個回合的擊影練習。

練習後，進行按摩、沐浴。

　　每日的實際練習時間，共計 12 個回合，這是平時的訓練程序。而在賽前的訓練階段，星期一、三、五的三天中，練習程序有所改變。以 5 個回合的對打代替練靶。對打練習時，乃佛常選擇不同類型的對手，如擅左、擅右，速攻或防守的各種類型的拳手，從而提高對各種拳手的適應能力。他還特別重視閃躲和防守技術的練習，培養敏銳的觀察力和判斷力。

　　乃佛很注意試招的練習，且練得比較靈活。每次和教練試招練習長達 20 分鐘。尤其擅長近身戰的解圍反擊。

　　與乃佛同期的高手「萬年青」威倉蓮，從 14 歲開始打拳謀生，到 34 歲退休，共打了 224 場比賽，只有 3 次被擊倒的記錄。

　　威倉蓮的備戰程序，內容大致如下：

　　擊影練習，4 個回合。

　　踢打砂袋，4 個回合。

　　打靶練習，4 個回合。（周一、三、五則進行對打練習）。

　　試招練習 4 個回合。

　　在這些主要練習項目之外，還要跳繩 20 至 30 分鐘。在訓練結束前做 20 分鐘的柔軟體操。

六、泰拳的傳統比武方式、技法與功法

　　泰拳經歷了數百年的演變和發展，在各個時期有其不同技法和功法。目前流傳下來的傳統技法和功法大都是在纏麻式拳鬥時代逐漸形成和提煉的，某些技法和功法至今仍被許多泰拳師所採用。

㈠　拳賽形式

　　在十四世紀的大城皇朝時代，拳鬥之風已極為盛行。其形式，最先是「徒手式」，而後逐漸改用馬皮條裏拳，稱「拳甲」式。據說馬皮條裏拳只用於宮廷內的比武，而在民間則多採用「纏麻」式。纏麻式泰拳被公認為是現代泰拳的原型。

　　在纏麻式拳鬥時代，拳師比武，採用粗麻纏綁拳頭和手腕以及肘關節部位，頭戴吉祥圈，或以符巾束髮，用浴布折成厚墊護衛襠部。比賽時，拳師不分體重級別，只要雙方同意，即可比賽。每場比賽，一般有五對拳師對壘。每對拳師比賽規定以十一局決勝負。每局五分鐘，比賽一分鐘，休息四分鐘，局終以擊鼓為號。台上有拳證裁判比賽結果。拳賽根據下列方式判定勝負：

　　①一方拳師服輸或被擊暈；

②雙方實力相當中途判和；

③雙方戰至終場即當和論。

拳師出場的程序也和今日泰拳比賽不同，當第一對拳師賽完一局休息時，由第二對拳師接替出場，比賽一局。然後，第一對拳師再繼續比賽。這樣輪流交替比賽，直至全部五對拳師賽完爲止。

到玫瑰園拳場時代，泰拳的技術風格基本可分爲東北部、南部、中部和京城等四大宗系。

東北部拳法以柯叨爲中心，注重攻擊，擅用高踢和擺拳，風格硬朗，大刀闊斧，勁力雄猛。準備式常以高樁直立，兩腳前後溜動變換位置。

南部拳法以獵耶爲代表，其技法寓攻於守，擅用三宮步法，架式多採用屈膝低身，虛步邁行抵禦下盤腿攻。素以膝、肘技術精湛而著名。

中部華富里拳師，擅用拳法直擊，出手準確迅猛，剛銳瀟灑。

而京城拳師，卻重視體能訓練，多兼修西洋拳擊，因此拳的力度極大，且體力占有優勢。

(二) 纏麻方式

古代泰拳比賽，拳師以粗麻纏綁雙拳，其主要作用是：①保護自己，拳腕經纏麻後，腕關節相應堅固、有力。在進攻或防守時不易受傷。②打擊對手。由於麻繩表面粗糙，擊打對手時，可令其受創。

在玫瑰園至園柱拳場時代，拳師們所用的麻繩，多屬於棉線卷成的棉繩。拳師所用的棉麻，通常長約20至25

公尺，分成兩捆。

纏綁的方法是，自臂腕起纏至拳頭。由於其表面凹凸不平，出賽前經師傅噴水發漲，表面更加堅硬，從而增加了傷害力。據說，還有用米水塗上拳背，甚至沾上以混有玻璃或碎石之類的黏液。

纏麻方法還有區域之分。東北部拳師因擅用腿擊，踢得高而猛烈，因此所用纏拳的棉麻較長，纏綁從拳頭、前臂直至肘關節處，以臂和肘抵擋對手的腿擊。中部華富里拳師因主用直拳，快疾準確，故所用棉麻相應較短，纏綁僅從拳至腕間。南部拳師重膝肘技法，擅於內圍揮肘劈砍，纏拳的棉麻長短不一，各按所需。而北部南邦府拳師，尚有赤拳上陣的。

㈢　傳統技法

古代泰拳因受環境、地域的限制，各地的技術風格和體系也不盡相同，各師各法，沒有一套統一的技法。近年來，香港泰拳研究者坤青先生，根據師承和研究各派傳統技法，整理和總結出了一套較爲完整的傳統技法和功法。

1.準備姿勢

準備姿勢也稱爲「拳樁」。身略前傾面向對手，雙拳與肩同高前後分開，形如弓箭，兩腿微屈並立。擅右者左邊爲鋒拳，擅左者則相反。

2.三宮步

泰拳的馬步名爲「三宮步」。所謂馬步，就是「拳樁」結合「步法」的運用。三宮步是因其步形爲斜三角而得名，運動時也常以三角形路線爲進退的基本路線。此技可

以說是泰拳技擊的精華，進可攻、退可守，萬變不離其宗。

三宮步在實際運用時，有不同的用法：

⑴點滴步。躍足欲進，提膝做上下掩護。動作輕巧自然，形同虛步。

⑵蓋步。用點滴步迷惑對方時，虛懸的腳下放，或向前、向後，也可轉身出招。

⑶易勢。利用腳步，改變方向。是出奇惑敵和化解對方攻擊的移步法。

三宮步的單腿步法，看似虛浮，實則是泰拳精妙之處。可攻可守，進退自如。再則三宮式運行時，可使精神和氣力相結合，以增加信心。在泰國的傳統神話中，把三宮步描繪成拍藍降魔的神技。

3. 基本動作

基本動作有十二式，泰拳名及解釋如下：

捆腕： 雙臂平胸交旋勢

掄拳： 拳成先後交換上落勢

掩耳： 提臂護面側

攔格： 手自外內撥

斜擋： 抬拳斜上格

高提掩： 雙臂輪流高抬

戴冠： 曲臂上提肘前衝

雙並肘： 兩肘並架敵腿

踢臀： 側舉腿後彈勢

耍膝： 雙膝連上提

獻蓮： 俯首前觸勢

回踢：回旋後擺腿

4.招式

相傳古代泰拳有 108 招。1923 年泰拳名家鑾威訕奴那功編著的泰拳專著，曾將古典泰拳技法分列爲單勢、連勢、花招與絕招。

基本招式有「長兵」「短兵」之分，所謂長兵即指拳腿，短兵則指肘膝。基本招法如下：

頭法兩式：前抵、側抵。

拳法五式：直擊、側擊、回擊、伴擊、上衝。

腳法五式：踢、蹬、釘、回擺、後踹。

肘法六式：斫肘、撞肘、拭肘、抽肘、反肘、後肘。

膝法六式：明膝、暗膝、騰膝、飛膝、小膝、兔膝。

其基本技法的術語，有下列口訣：

並（相對）合（進）取（執）截（斷）拂（撥）切（入）衝（撲）撞（扎）壓（按）施（拉）擂（迫）抱（纏）投（摔）攻（動）守（進）拆（解）避（閃）答（還）

5.母招子招

實戰攻防技法，有「母招」和「子招」之分。二十年代華裔宗師金成（順通），所傳的「母招」和「子招」各有 15 式，共 30 式。其中包含了泰拳的基本招法和複雜技法，它們實用有效，備受泰拳界人士的重視，並被視爲典範。

母招 15 式如下：

名稱　　　　　　　簡意

曲折步形	外圍招架
飛鳥投林	內圍招架
依諾挺劍	內圍肘法
爪哇標搶	外圍肘法
拜須彌山	低拳擊頷（俯身 45 度）
慈僧善目	高拳擊頷（俯身 60 度）
蒙民捍衛	蹬腳對拳
擊木楔	肘擊對踢
鱷魚擺尾	腿踢對拳
斷象撥	肘砸腿股
神龍隱尾	封腳膝打腿脛
天王轉化	蹬腳對踢
減少焰	格拳反擊
魔王搏猴	踢撞對拳
折象脊	拽頸撞膝

子招 15 式如下：

名稱	簡意
神象奮齒	擠身衝頷
抹面腿	格拳直踢面
鬼王攄美	卸拳拿摔

天神射箭	封肘衝頜
折鳳翼	內外閃，肘劈臂
獅子跨澗	避蹬踢，蹬後足
野鹿回頭	後蹬追踢
神猴獻寶	內卸衝頜
蛟龍鬧海	俯避腿，踏膝彎
山神卷土	擋踢旋身反撞肘
越漁撒網	撥蹬踢膝內彎
漫歌擎柱	避踢蹬後足
扎花環	內閃肘到胸
老僧掃庭	掃足彎連劈肘
斬葫蘆	內閃射劈面

6.其它技法

在泰拳的傳統技法中還有一些難度很高的花式招法，在今天的泰拳中已十分罕見。

名稱	簡意
隱士投湖	飛身頭觸
麻雀取水	上擊拳法
天王擲輪	轉身鞭錘
鱷魚擺尾	反身後蹬
鱷魚戲尾	三合踢法

牡鹿耀角	雙飛踢腿
蛇驅壁虎	連環撞踢
雀女嬉水	挾頸後抽踢
天神制軍	衝身蹬腿
天帝過海	飛身高踢
栗鼠登松	踏膝飛身下肘
戰象交齒	雙肘下砸
轉戰龍門	後抽肘法
波濤拍岸	轉身肘撞
流星衝霄	飛身衝撲
神猴騰空	飛身膝撞
天神搏象	低身環膝
仙妃坐壇	飛身臀撞
天神折箭	封肘拗臂
鯰魚張刺	回手肘法
天神入林	踏膝騰身膝撞
神猴擲妖	執腿摔法
坐折凶僧	低身破馬
武將回槍	執腳側踹面

㈣　傳統功法

　　泰拳的傳統功法因歷史的環境條件所限，大都比較簡單，而且有不少功法與日常的生活勞動相結合，可謂一舉兩得。傳統功法大致可分為體能和功力訓練兩大類。

1.體能訓練方法

　　古代拜師學藝，須入師門，成為大家庭中的一員。同時，要分擔師傅家的日常勞動。因此，泰拳的體能訓練也往往是結合日常勞動而進行的。一般有四種方法：

　　⑴望日

　　「望日」被稱為傳統功法的第一步。有關「望日」的意義有兩種說法。一是指眺望朝陽，以增強眼力的方法。通過望日來鍛鍊拳師的眼力，即在強烈的陽光刺激下練習不眨眼的功夫，以便日後在擂台角鬥時集中注意力，應付各種情況的變化。另一個說法，則是指晨跑。作為學藝的門規，拳手必須早起練跑。晨跑選擇在田野或崎嶇不平的小路進行，以增加腿部肌肉力量。此外，還需在草地上翻滾，讓身體皮膚與草木砂土及晨露接觸、摩擦。久而久之使練習者的皮膚變得強硬而不怕受擊。

　　⑵擔水

　　昔日泰國民眾的生活遠不如現在這樣方便。飲水一般都依賴天然的水源，江河之水對於民生至關重要，因此食用水的運輸成了主要的日常勞動。

　　傳統的擔水方法是：用竹竿製成長約 1.5 至 3 公尺的竹筒，打通中間的各個節壁，成為一圓柱體的容器。擔水時，用肩扛或用臂挾於腰間，徒步而行。由於行程較遠，採用擔水練

功，不僅可以增加肩臂的力量，而且可使腰肋的肌肉增強承受能力。這將有益於在打擂時抵禦對手踢擊。

(3)舂米

此功法對增強腕力和整個上體肌肉的力量，極為有效。

杵一般是用堅木製成，重約 2700 克，長 1 至 1.5 公尺，兩頭粗中間細，中間細部用以抓握。碓又名臼，形如石盆。

舂米時需精神集中，杵要擊向碓的中央。待動作熟練後，可在杵下擊時鬆手，待其撞擊碓後反彈時再握緊。這樣一鬆一緊活動，久練之後，不僅可培養動作的節奏感，而且使腕力和握力大增。

練習時可雙手交替進行，也可數人同時進行。但需掌握動作節奏，此起彼落，連貫協調。

(4)劈柴

木材是古代泰人的生活必需品，人們以木生火燒水做飯。伐木的主要工具是長柄斧。通過劈柴這種日常勞動，對於肩背腰腹及手臂力量的提高，非常有效。它是古代拳手常練的功法之一。

2.功力訓練方法

拳手在練習握拳、站樁及基本動作後，就需進行各種功力訓練。傳統的功力練習方法主要有六項：布功、打檸檬、粉試、早浴、踢蕉樹、拖轎。

(1)布功

布功是古代拳師的基本功法，目的在於鞏固拳樁，在進退時始終保持基本準備姿勢，從而使動作無懈可擊。

其練習方法是：練習者從浴布疊成條狀披於頸上，布的兩端纏裹拳頭，雙手握緊，左手高於眉心前方，約 20 至 30 公

分，另一手提於頜側，兩肘懸空，距肋約 8 至 10 公分，形成椿式。練習時兩拳前後左右地運動，椿式不變。進左足時左拳為鋒拳，右進時則相反。

浴布功練好，即改用兩巾各纏裹拳頭，不露手指，兩人進行對抗練習。練習時，不全力出擊，以輕靈敏捷為宜。擋格拳多用前臂招架，配合左右前後的閃避。待熟練後，裹拳的方式可改為露指，與纏麻拳頭相近，並加強力度，同時增加手法的運用。此時必須加強上路的防守，以免被對方的手指傷及眼睛。

⑵打檸檬

打檸檬是專門提高準確性和靈敏性的一種功法。

其法是將十只檸檬用線吊在懸空的竹竿上，每只相隔 10 至 13 公分，高與練習者面齊。然後用拳擊、肘撞、臂擋。目的是要閃避回蕩的檸檬，力爭不被擊中面部。練習時，需全神貫注，目測檸檬的衝蕩路線。判斷要準確，用拳要輕巧，用力要適當，做到每拳都能擊中檸檬（圖 235）。

圖　235

通過打檸檬的練習，能使拳手在複雜的情況下做出準確的判斷，應變自如。

⑶粉試

粉試練習是對拳手上路防守的一種考驗。

試粉的方法是：讓拳手以香粉混水敷面，盤足坐在倒置的臼底上面，讓另一拳手戴布縫的露指拳套，如同纏麻拳甲，揮

拳攻其面部。

　　練習時重點要封擋對手的拳招，做到無懈可擊。由於布套表面粗糙，若被擦到，會傷及皮膚；若被擊中跌倒，則證明功力不足。纏麻時代後期拳師的拳招非常凶狠，因此，防守技術的嚴密顯得十分重要。

　　⑷早浴

　　早浴是古代拳師早晨在江河中練功的一種方法。早浴的練習程序有三步：

　　第一步，沿河灘於水深 13 至 15 公分處疾跑，並用力蹬踏躍起。由於河灘沙土虛浮鬆軟，因此蹬躍時較費勁，這將有助於腿部力量的提高。另一種做法是，自岸上向水深處疾衝，到水至膝深處折回，重複多次。

　　第二步，在齊腰深的水處站穩，舉掌下拍，手掌入水後反掌，待成團氣泡上浮，即以另一手曲肘下擊氣泡。這樣雙手輪流變換拍擊，並使身體順勢往返搖動。久練之後，肩臂胸腹各處肌肉變得強勁有力。

　　第三步，練眼。練習者下水至胸深處，雙手伸入水中，然後仰掌撥水入眼。據說這可以增加眼力，提高注意力。

　　⑸踢蕉樹

　　香蕉樹是昔日泰拳師練腿的重要工具。踢香蕉樹是拳師練腿力的主要功法。

　　其方法是：將長 1 公尺，直徑 15 至 20 公分的香蕉樹幹豎立於平地上，然後用腿踢擊樹幹，左右開弓，連環發腿，使香蕉樹幹保持平衡不倒。這種練習要求出腿快捷。高低腿可同時進行。熟練後可採用 1.33 公尺長的樹幹進行練習（圖 236）。

　　⑹拖轎

拖轎是拳手練習腿的平衡能力的一種功法。腿法是泰拳的主要招法，但如根基不穩是難以發揮腿擊的威力的。

圖　236

拖轎的練習方法是：兩人一組，一人用雙手抓握練習者的一腿疾跑或旋轉拉拽。練習者則以獨腳支撐，應變消解對方的力量，盡量保持身體平衡而不被拖倒。同時，兩手做好準備姿勢（圖237）。

圖　237

七、泰拳的比賽方法

㈠　場地

　　泰拳的比賽場地和拳擊比賽基本相同。

　　1.泰拳比賽在離地 3 至 4 英尺（1 英尺等於 0.3048 公尺）高的正方形拳台上進行。拳台的邊長在 16 至 20 英尺之間，每邊自圍繩向外延伸的距離不少於 2 英尺。

　　2.拳台平面必須墊一層厚 1.5 公分左右的軟墊，上面再覆蓋一層帆布，表面必須平整。

　　3.三條圍繩，每條直徑爲 3 公分左右，圍繩由布或皮革包住，被拉成直線，依次高出拳台 40 公分、80 公分、130 公分，固定於四個角落的柱子上，圍繞拳台。

　　4.圍繩的四角立柱須罩以三角墊，圍繩的每一邊，中間用柔軟而有韌性的織物將三條圍繩串連。

　　5.拳台的四角，其中一對斜對角分別爲紅角和藍角，另一對斜對角爲中立角。

　　6.在紅、藍兩角各設一座踏梯，以供選手、助手、裁判等有關人員上下台用。

㈡　分級

現在的泰拳比賽共分十二個級別。

1.蠅量級（112磅）

2.毛量級（118磅）

3.輕羽量級（122磅）

4.羽量級（126磅）

5.輕量級（130磅）

6.輕沈量級（135磅）

7.中沈量級（141磅）

8.沈量級（147磅）

9.輕中量級（155磅）

10.中量級（160磅）

11.輕重量級（175磅）

12.重量級（175磅以上）

㈢　賽前儀式

泰國人信奉佛教，拳手在賽前必須進行祈禱儀式。

拳手上場時，各披戰袍，頭戴形如花環的聖圈，在音樂的伴奏下進入拳台。拳手進場後先向觀衆合十致禮。然後，擂台旁的樂隊奏起「出戰歌」（這是一種泰國樂曲，樂器以笛、鼓、「叮噹」等爲主），拳手們聞樂起舞向天祈禱。由於派別不同，祈禱的形式也各不一樣。有的屈膝跪地埋首不動默默祈禱。有的隨樂起舞向觀衆顯示健美的身材和武勢。有的雙手掩面無言呆立，有的則雙手合十舉於額際，圍擂台而轉。

這種儀式是非常神聖的，故此拳手們都很認眞地向天祈

禱，向祖師祈禱，以求勝果。整個賽前儀式神秘而隆重。

㈣　規則

1.比賽時間

通常一場比賽爲 5 局，每局 3 分鐘，局間休息 2 分鐘。比賽時間由記時員控制。

2.服裝護具

⑴拳手須穿紅色或藍色短褲，以示區別。

⑵拳手須戴拳套。拳套重量爲 113－170 克，但有時也可使用 227 克的拳套。

⑶須穿戴護襠和護踝。

⑷允許拳手在手上纏綁 180 公分長，2.5 公分長寬的繃帶。

⑸允許拳手在身上抹油膏或拳擊油。

3.勝負判定

泰拳比賽的勝負按下列條款判定：

⑴擊倒

凡被擊倒被數「10」後，不能繼續比賽者；或被擊出擂台外，在數「10」結束時，不能自行回到擂台者，作敗論。

⑵技術擊倒

①當拳手在新的一局比賽開始時，不能繼續參賽者。

②當拳手受傷，經賽場醫生診斷不能繼續參賽者。

③當場上裁判爲保護明顯弱方免受更多的傷害，而中止比賽。

④當一方教練向擂台投白毛巾時，而中止比賽。

以上情況被判爲技術擊倒。

(3)點數判定

凡使用拳肘腿膝等方法中擊對方（除襠部外）的任何部位，都可得分。勝一局得 5 點。負方根據表現要被扣 0.5 點。平局，雙方各得 5 點。五局的得點統計後，得點多者即爲本場比賽的勝方。

4.犯規

凡有下列行爲的，被判犯規：

(1)在對方被擊倒後，仍繼續掃打、拋擲、撞擊對方；或向對方吐痰；或有口咬、足踢、抓髮等行爲。

(2)插擊對方的眼睛。

(3)攻擊下陰。

(4)扼勒對方的頸部。

(5)反扭對方的關節。

(6)敎練或助手大聲指導拳手。

㈤　裁判員

(1)每場比賽，由一名場上裁判（拳證），二名或四名邊裁判員主持。

(2)場上裁判做出的判決員具有權威性，是不能更改的。

(3)邊裁判員在擂台下記分。

㈥　場上裁判的用語

(1)「Chock」格鬥。

(2)「Yaek」分開。

(3)「Yood」暫停。

大展出版社有限公司
品冠文化出版社
圖書目錄

地址：台北市北投區（石牌）　　電話：(02) 28236031
　　　致遠一路二段 12 巷 1 號　　　　　　28236033
郵撥：01669551＜大展＞　　　　　　　28233123
　　　19346241＜品冠＞　　　傳真：(02) 28272069

・熱 門 新 知・品冠編號 67

・智 力 運 動・品冠編號 691

・圍 棋 輕 鬆 學・品冠編號 68

3.	神奇拔罐療法	安在峰著	200 元
4.	神奇艾灸療法	安在峰著	200 元
5.	神奇貼敷療法	安在峰著	200 元
6.	神奇薰洗療法	安在峰著	200 元
7.	神奇耳穴療法	安在峰著	200 元
8.	神奇指針療法	安在峰著	200 元
9.	神奇藥酒療法	安在峰著	200 元
10.	神奇藥茶療法	安在峰著	200 元
11.	神奇推拿療法	張貴荷著	200 元
12.	神奇止痛療法	漆浩著	200 元
13.	神奇天然藥食物療法	李琳編著	200 元
14.	神奇新穴療法	吳德華編著	200 元
15.	神奇小針刀療法	韋丹主編	200 元
16.	神奇刮痧療法	童佼寅主編	200 元
17.	神奇氣功療法	陳坤編著	200 元

·常見病藥膳調養叢書· 品冠編號 631

1.	脂肪肝四季飲食	蕭守貴著	200 元
2.	高血壓四季飲食	秦玖剛著	200 元
3.	慢性腎炎四季飲食	魏從強著	200 元
4.	高脂血症四季飲食	薛輝著	200 元
5.	慢性胃炎四季飲食	馬秉祥著	200 元
6.	糖尿病四季飲食	王耀獻著	200 元
7.	癌症四季飲食	李忠著	200 元
8.	痛風四季飲食	魯焰主編	200 元
9.	肝炎四季飲食	王虹等著	200 元
10.	肥胖症四季飲食	李偉等著	200 元
11.	膽囊炎、膽石症四季飲食	謝春娥著	200 元

·彩色圖解保健· 品冠編號 64

1.	瘦身	主婦之友社	300 元
2.	腰痛	主婦之友社	300 元
3.	肩膀痠痛	主婦之友社	300 元
4.	腰、膝、腳的疼痛	主婦之友社	300 元
5.	壓力、精神疲勞	主婦之友社	300 元
6.	眼睛疲勞、視力減退	主婦之友社	300 元

·壽世養生· 品冠編號 640

| 1. | 催眠與催眠療法 | 余萍客 | 350 元 |
| 2. | 實驗長命法 | 胡嘉英等著 | 200 元 |

·休閒保健叢書· 品冠編號 641

1. 瘦身保健按摩術　　　　　　　聞慶漢主編　200 元
2. 顏面美容保健按摩術　　　　　聞慶漢主編　200 元
3. 足部保健按摩術　　　　　　　聞慶漢主編　200 元
4. 養生保健按摩術　　　　　　　聞慶漢主編　280 元
5. 頭部穴道保健術　　　　　　　柯富陽主編　180 元
6. 健身醫療運動處方　　　　　　鄭寶田主編　230 元
7. 實用美容美體點穴術＋VCD　　李芬莉主編　350 元
8. 中外保健按摩技法全集＋VCD　　任全主編　550 元
9. 中醫三補養生　　　　　　　　　劉健主編　300 元
10. 運動創傷康復診療　　　　　　任玉衡主編　550 元
11. 養生抗衰老指南　　　　　　　馬永興主編　350 元
12. 創傷骨折救護與康復　　　　　鍾杏梅主編　220 元
13. 百病全息按摩療法＋VCD　　　王富春主編　500 元
14. 拔罐排毒一身輕＋VCD　　　　　許麗編著　330 元
15. 圖解針灸美容＋VCD　　　　　王富春主編　350 元
16. 圖解針灸減肥＋VCD　　　　　王富春主編　350 元
17. 圖解推拿防治百病（附 VCD）　　呂明主編　350 元
18. 辨舌診病速成　　　　　　　　周幸來主編　330 元
19. 望甲診病速成　　　　　　　　周幸來主編　300 元
20. 現代女性養生　　　　　　　　　劉青主編　250 元

·名醫與您· 品冠編號 650

1. 高血壓、高血脂　　　　　　　項志敏編著　220 元
2. 糖尿病　　　　　　　　　　　　杭建梅　220 元
3. 心臟病　　　　　　　　　　　于俊全編著　220 元
4. 腎臟病　　　　　　　　　　　趙硯池編著　220 元
5. 肝病　　　　　　　　　　　　　金瑞編著　220 元

·健康新視野· 品冠編號 651

1. 怎樣讓孩子遠離意外傷害　　高溥超等主編　230 元
2. 使孩子聰明的鹼性食品　　　高溥超等主編　230 元
3. 食物中的降糖藥　　　　　　高溥超等主編　230 元
4. 開車族健康要訣　　　　　　高溥超等主編　230 元
5. 國外流行瘦身法　　　　　　高溥超等主編　230 元

·生　活　廣　場· 品冠編號 61

1. 366 天誕生星　　　　　　　　　李芳黛譯　280 元
2. 366 天誕生花與誕生石　　　　　李芳黛譯　280 元
3. 科學命相　　　　　　　　　　淺野八郎著　220 元

大展好書　好書大展
品嘗好書　冠群可期

大展好書　好書大展
品嘗好書　冠群可期